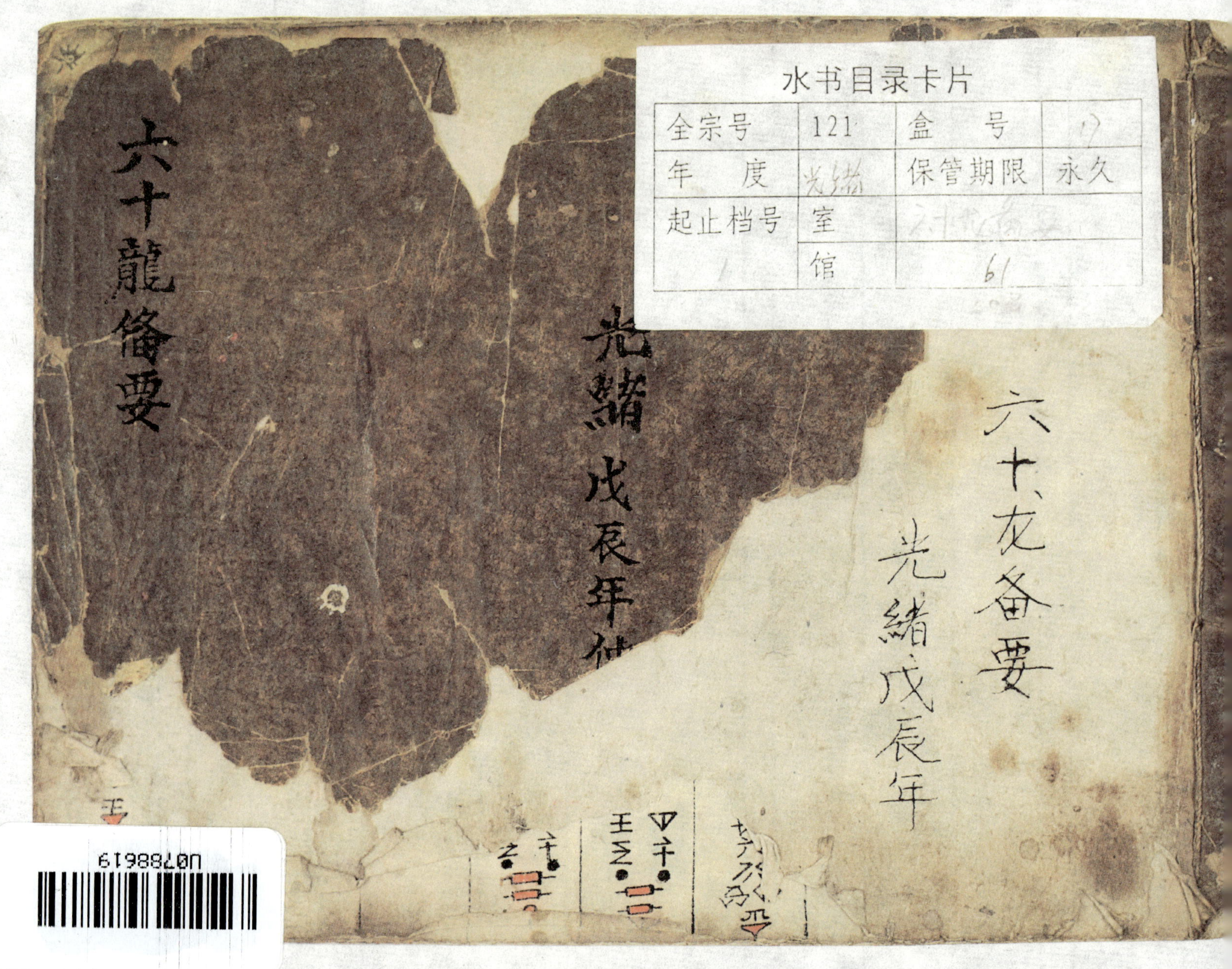

六十龍備要

光緒戊辰年仲

六十、龙备要

光緒戊辰年

水书目录卡片

全宗号	121	盒　号	17
年　度	光绪	保管期限	永久
起止档号	室	[illegible]	
1	馆	61	

據三都水族自治縣檔
案館藏水文清抄本影
印

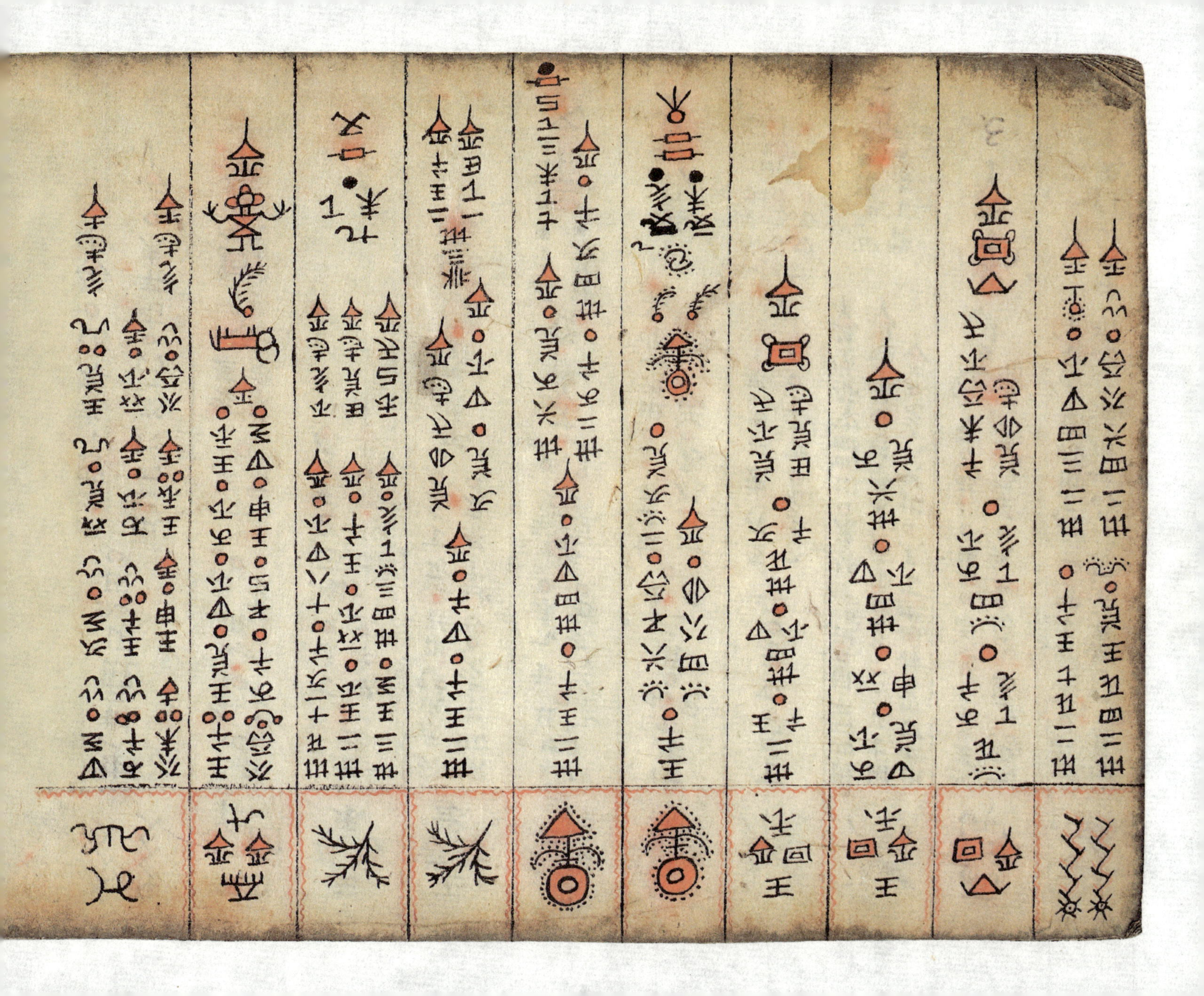

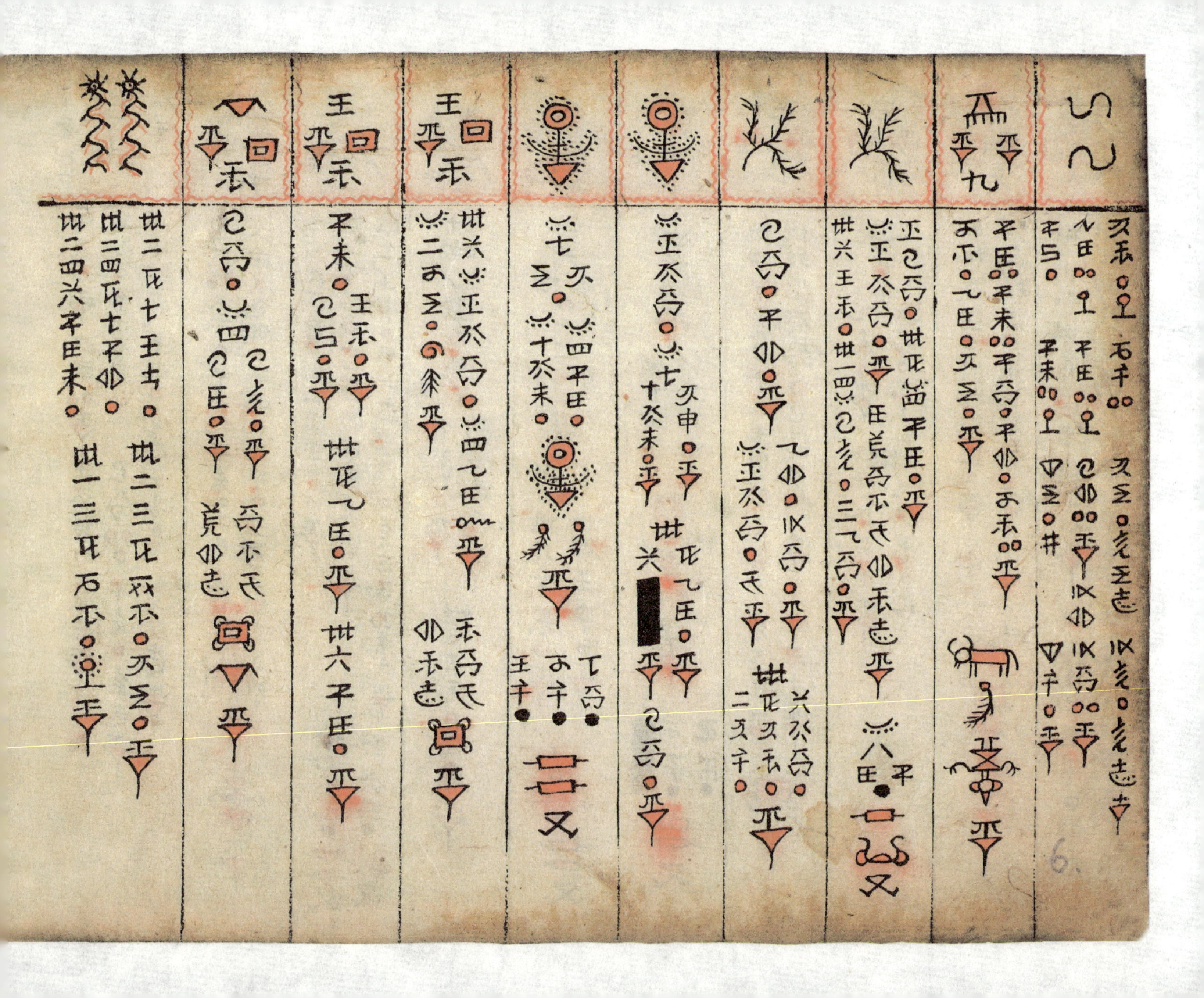

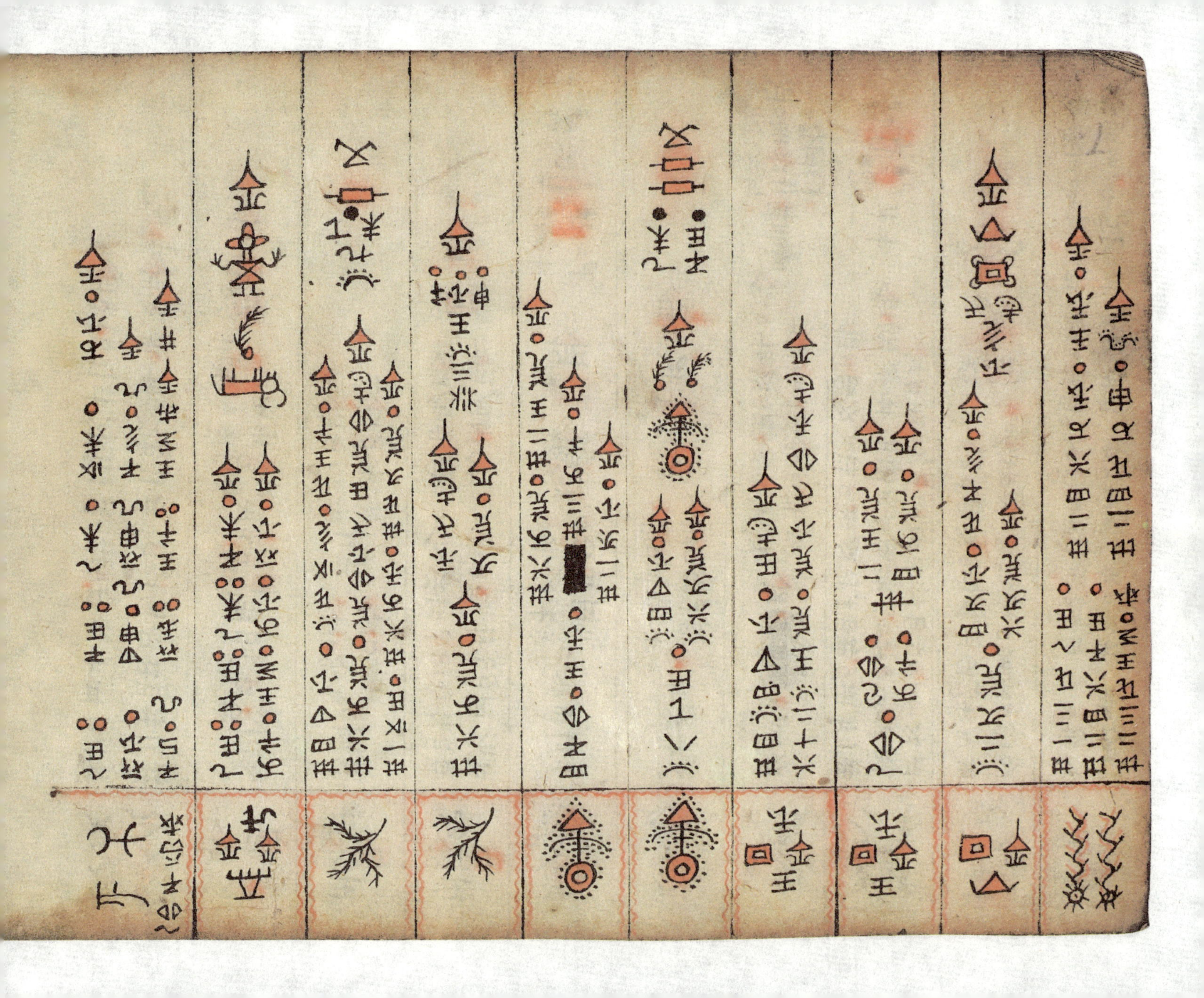

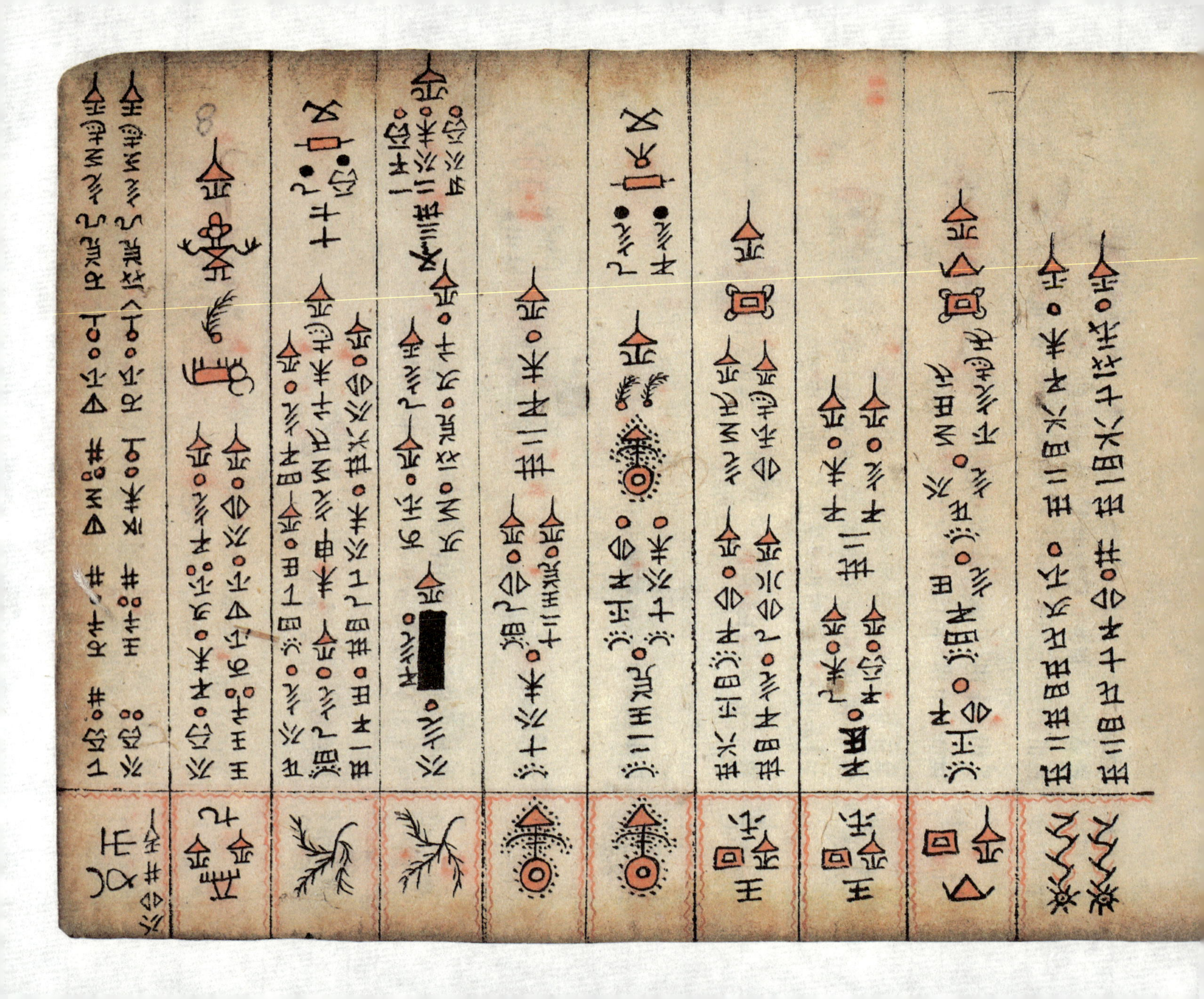

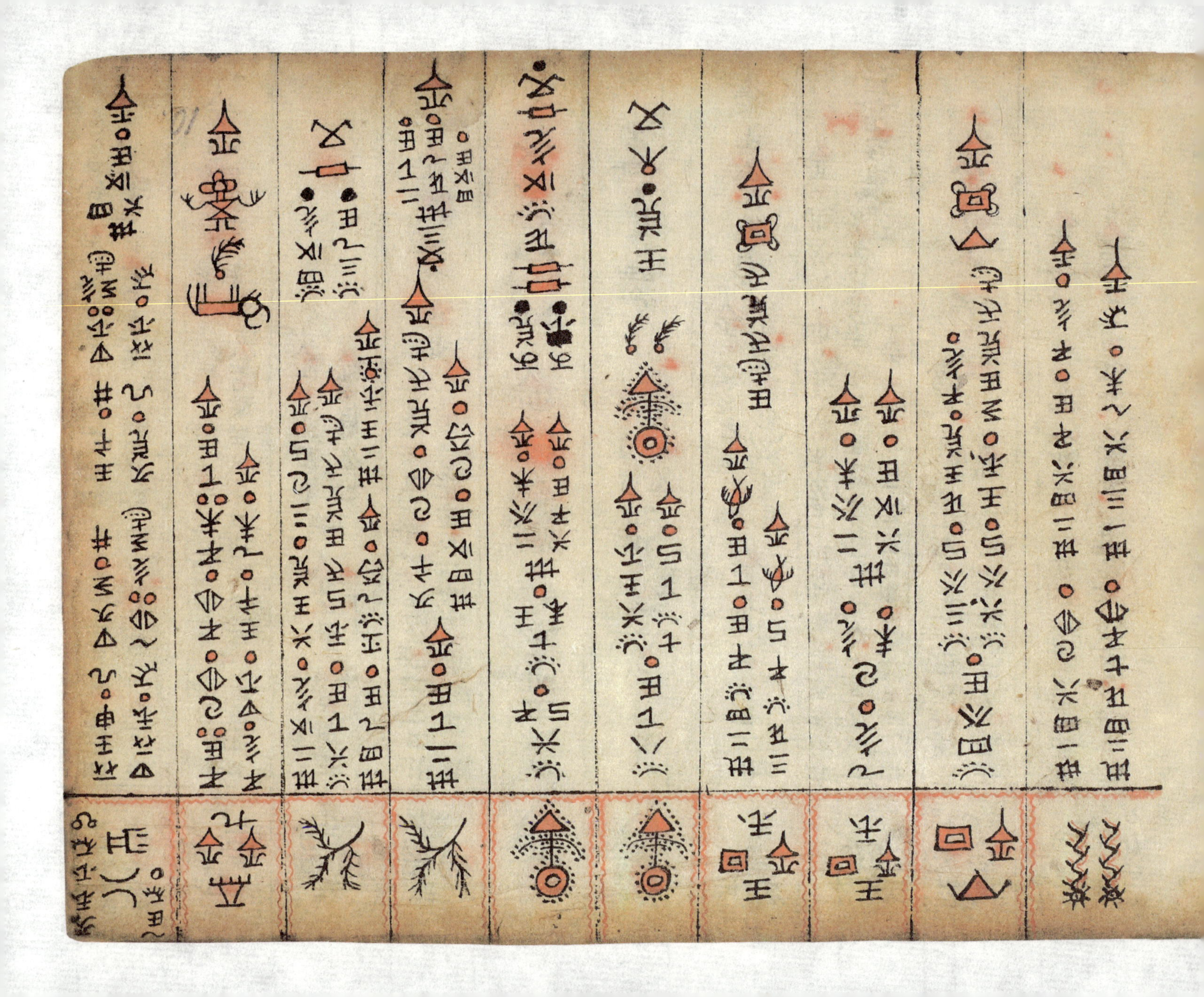

金 [illegible] [illegible] [illegible] ○ 午 [illegible] 五 三 廿 [illegible] ○ 申 [illegible] 五 二 廿

金 [illegible] ○ [illegible] 王 五 四 三 二 廿 ○ [illegible] 木 千 五 四 廿 ○ 午 王 千 五 二 廿

金 [illegible] [illegible] [illegible] [illegible] [illegible] [illegible] [illegible] ○ [illegible] [illegible] [illegible] [illegible] [illegible] ○ [illegible] [illegible] 三 [illegible]

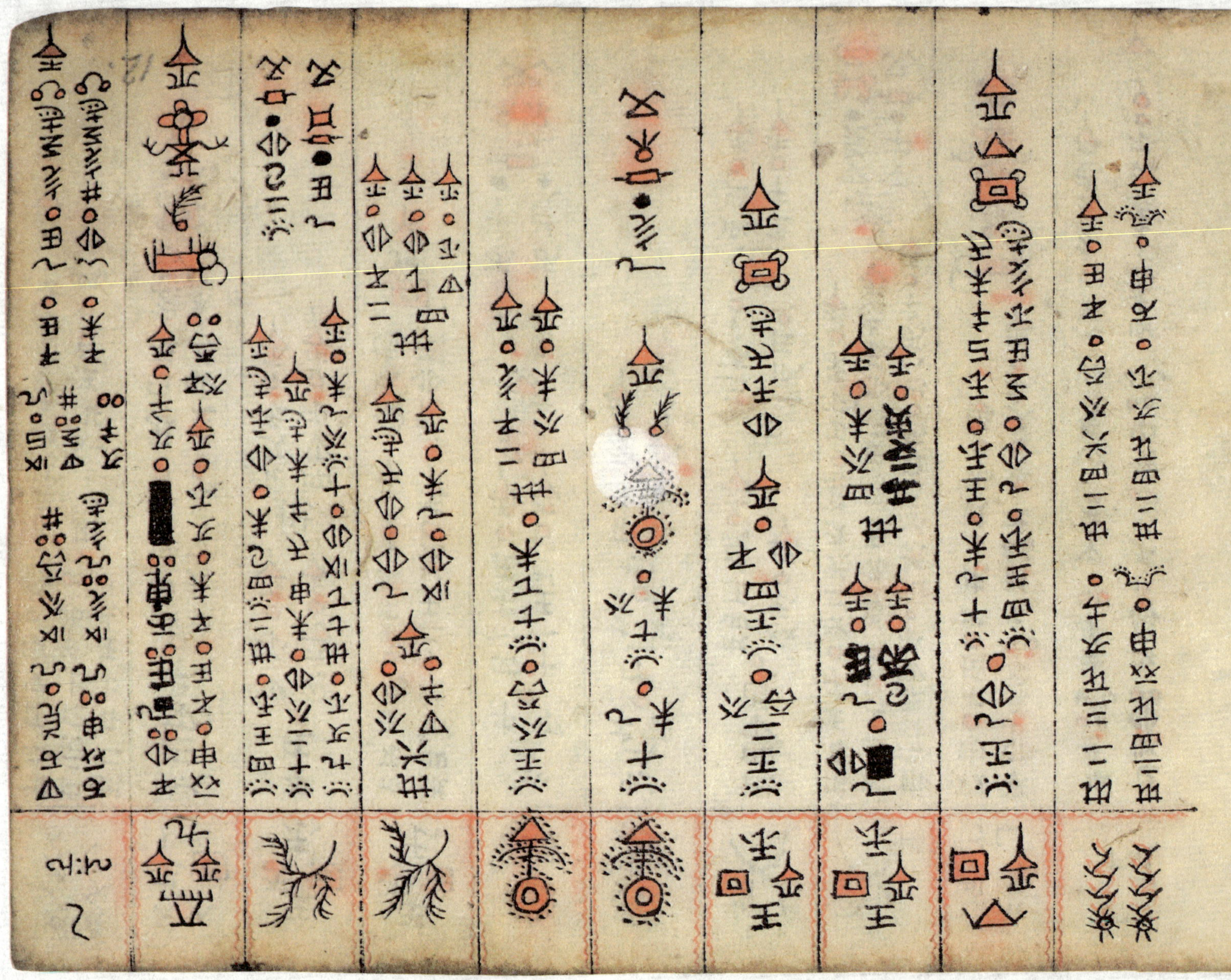

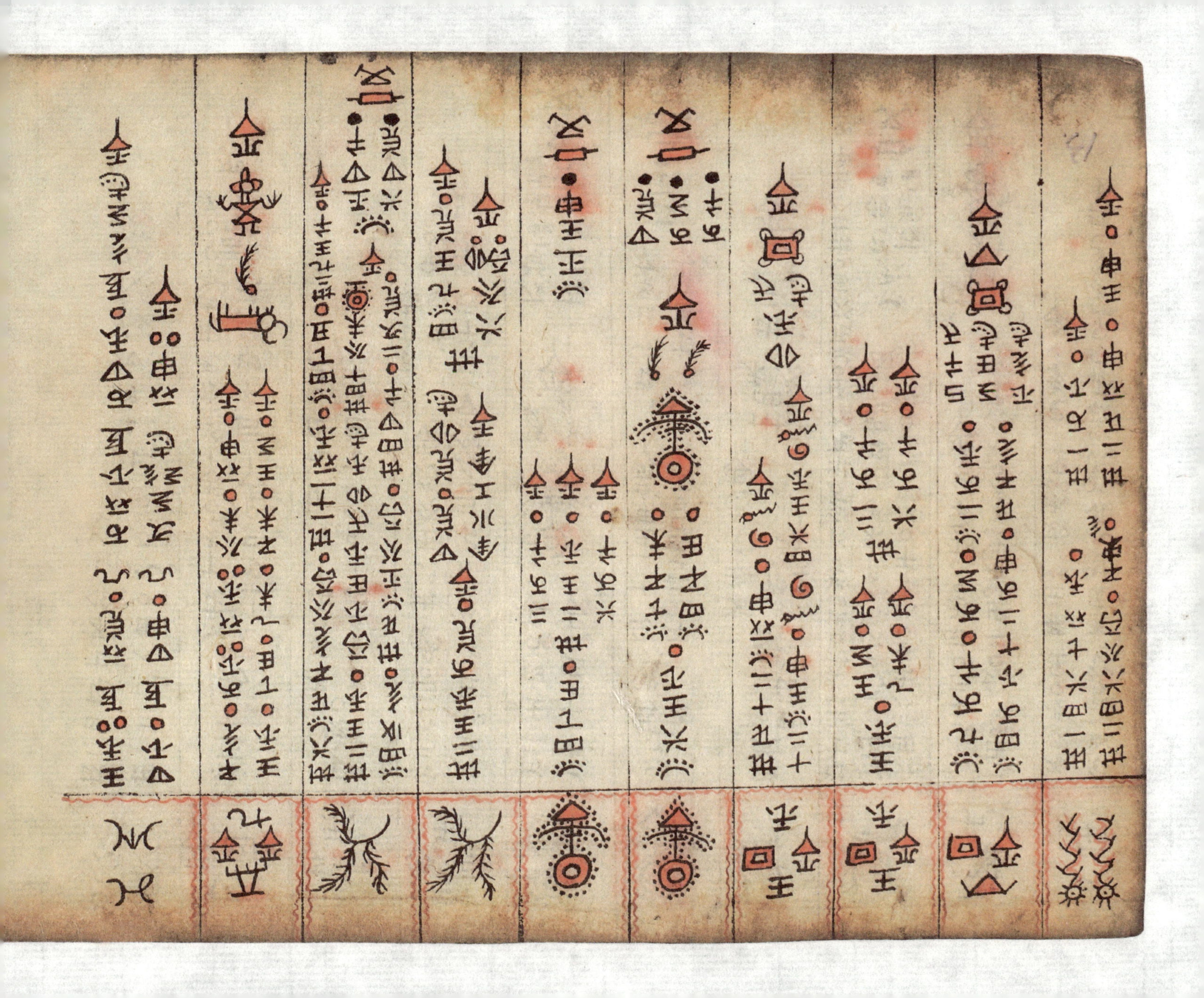

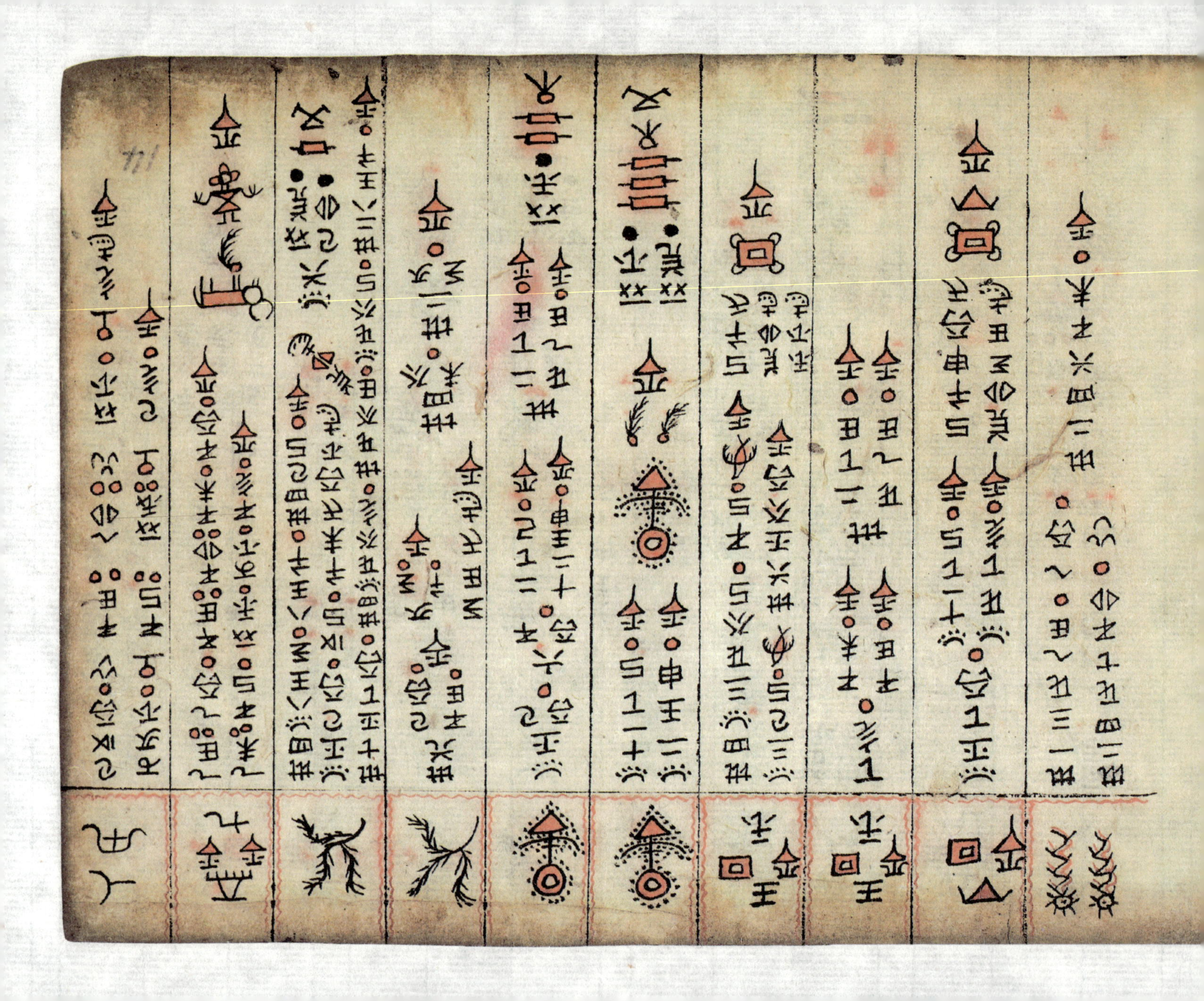

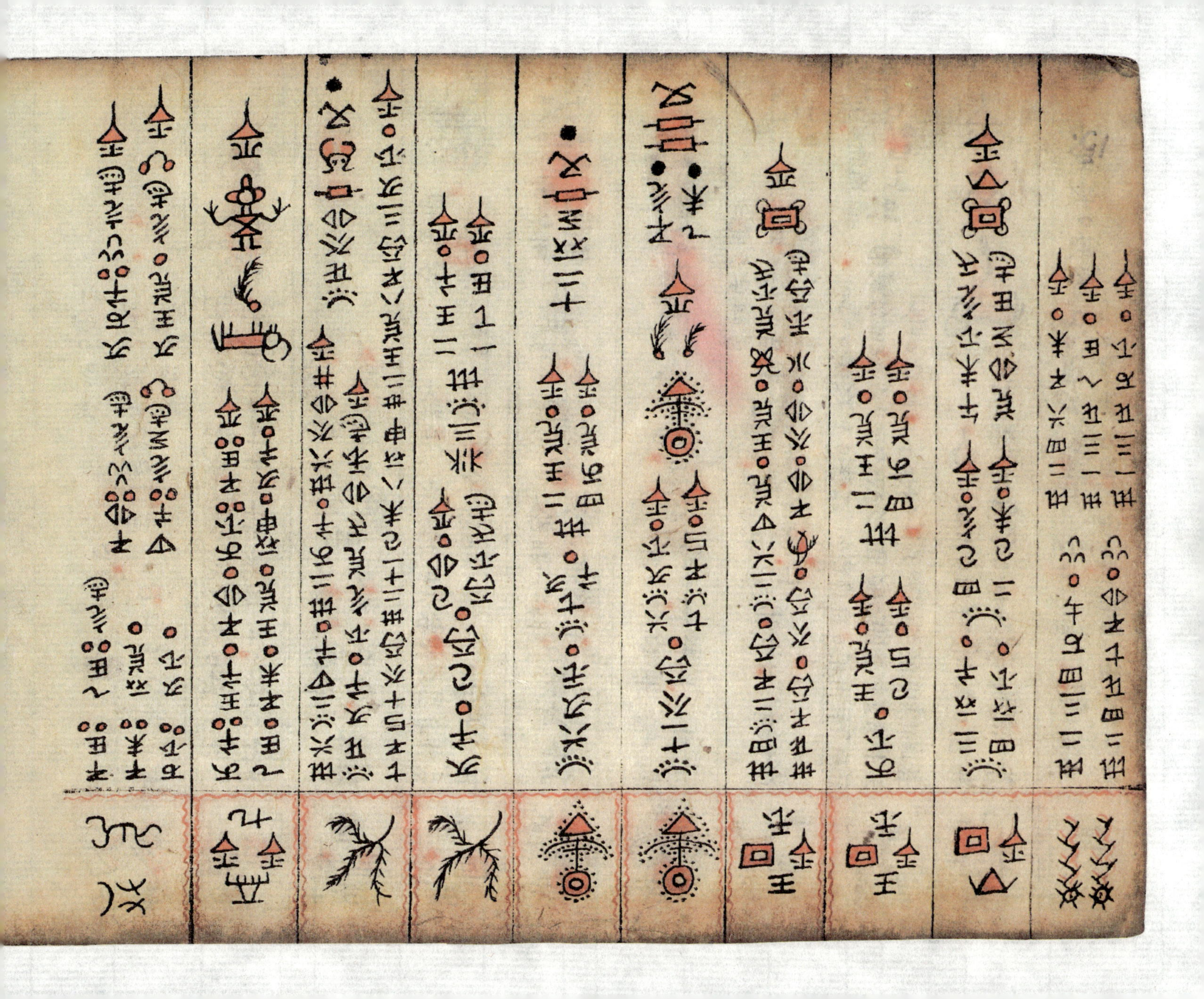

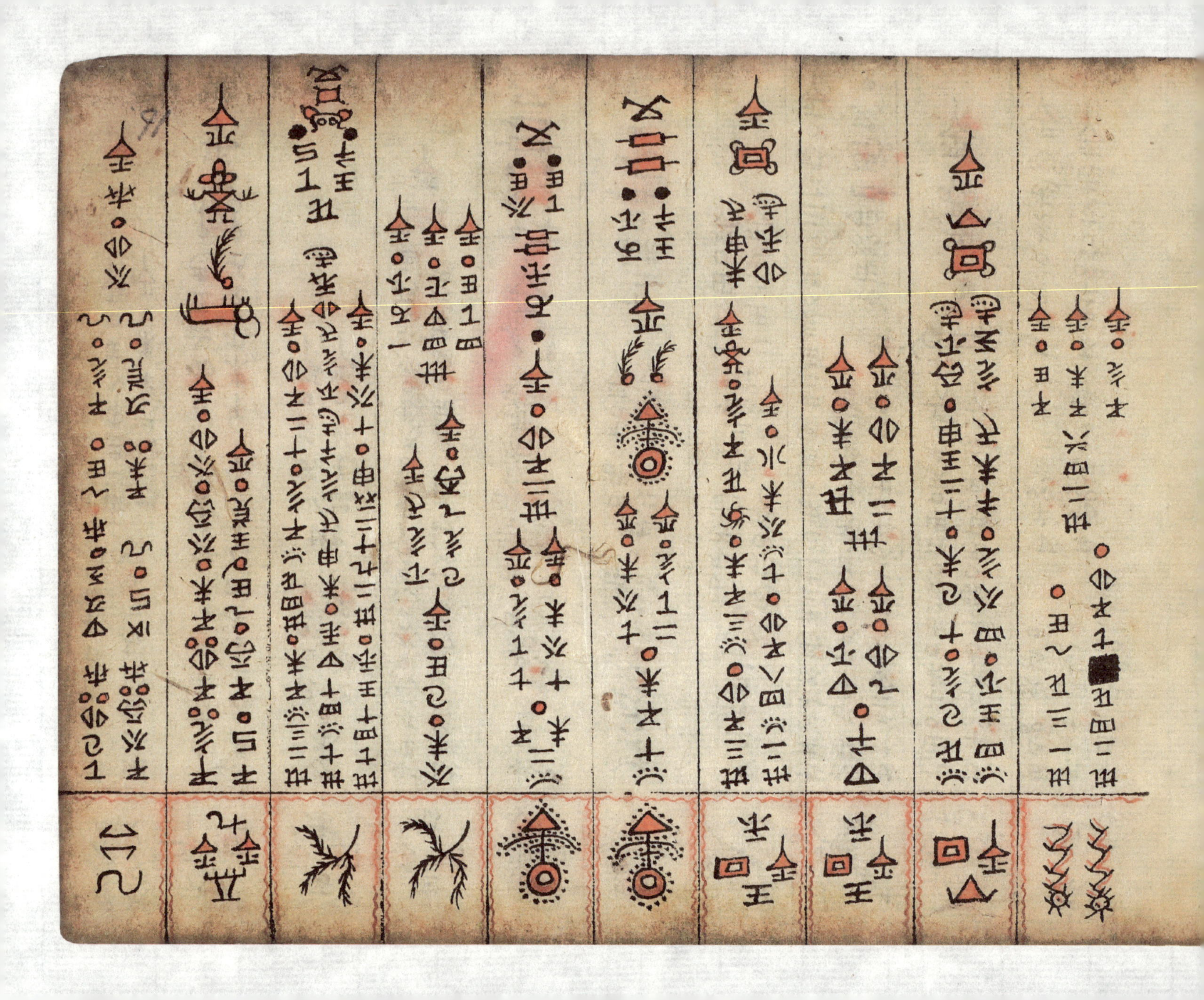

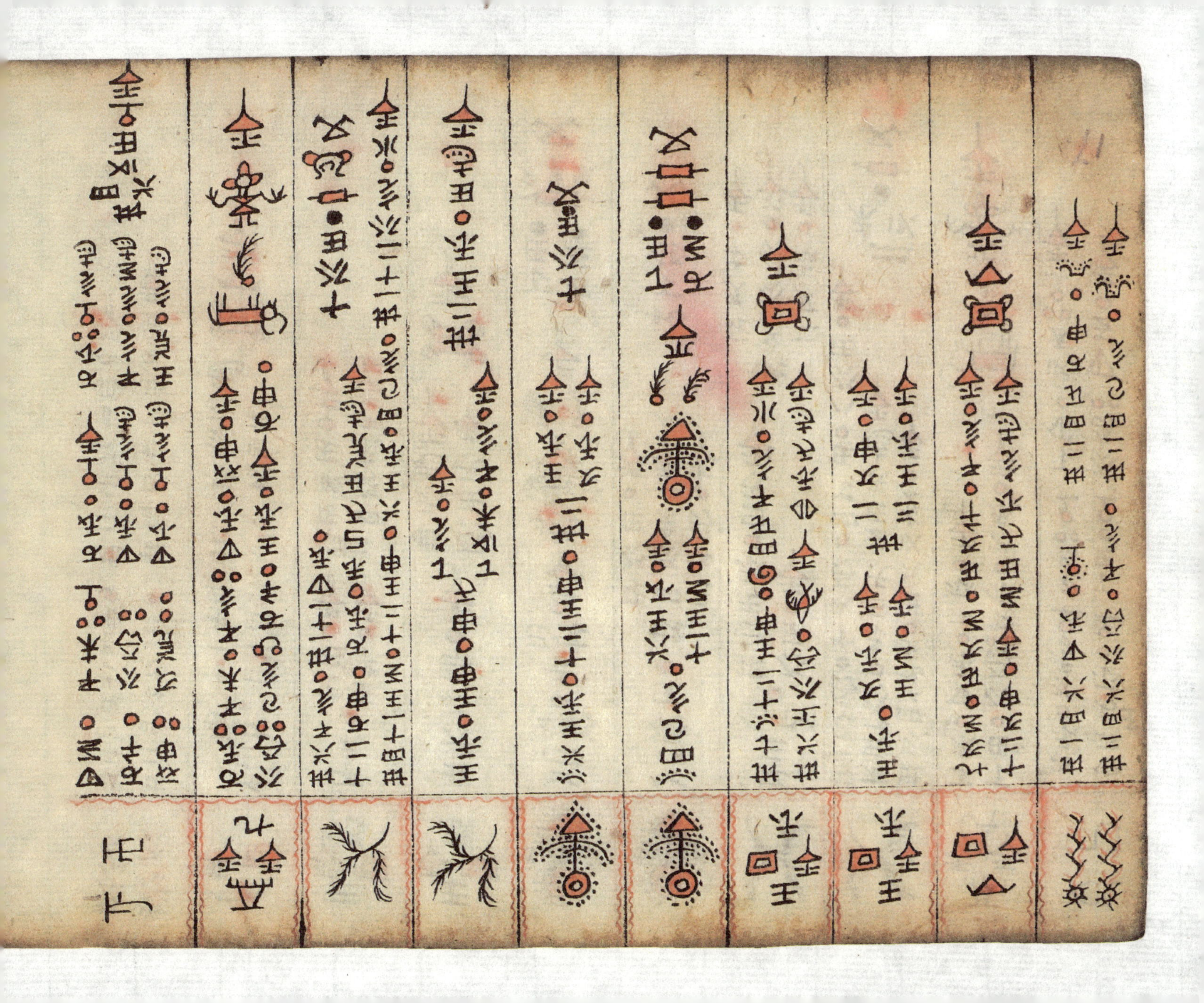

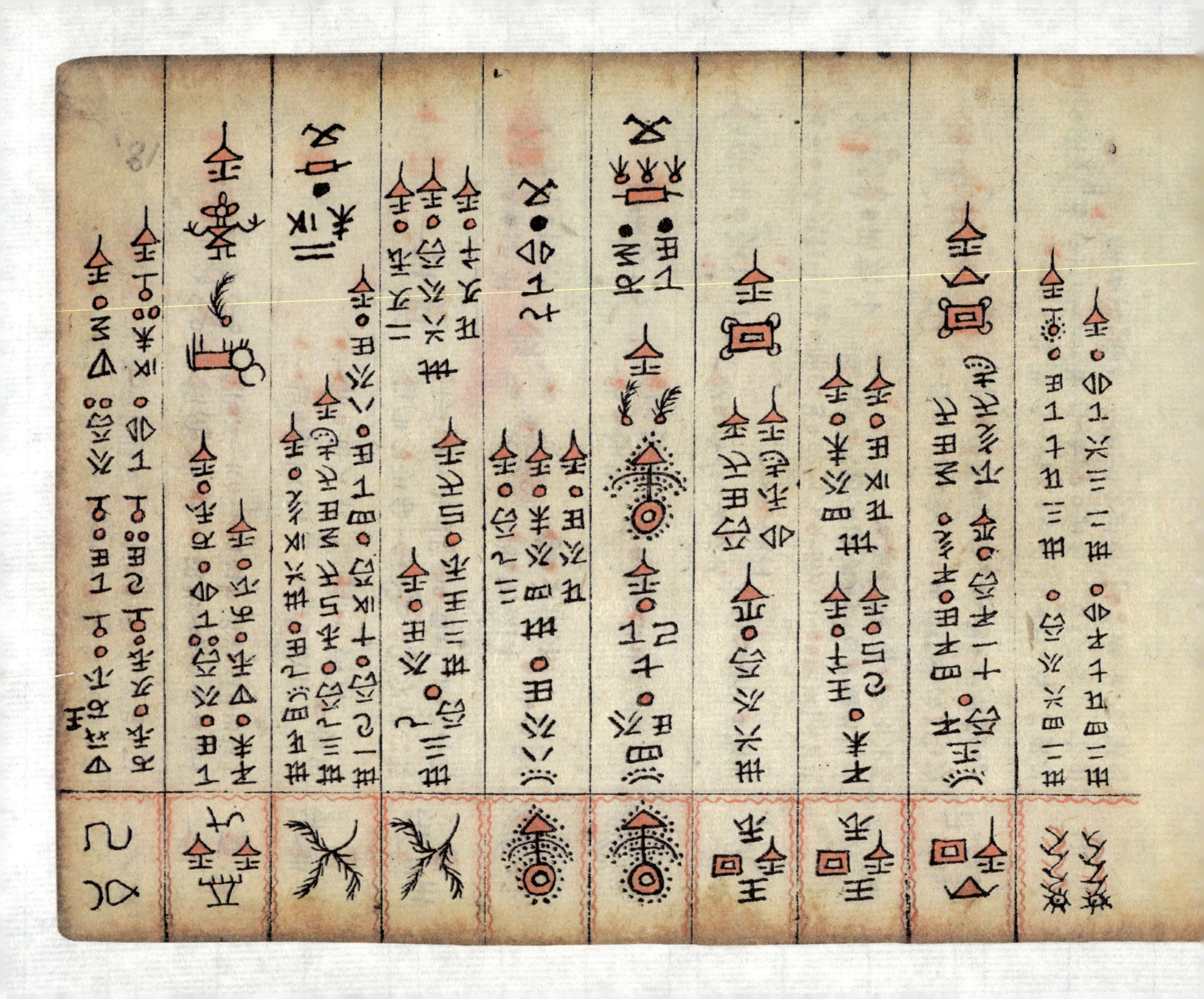

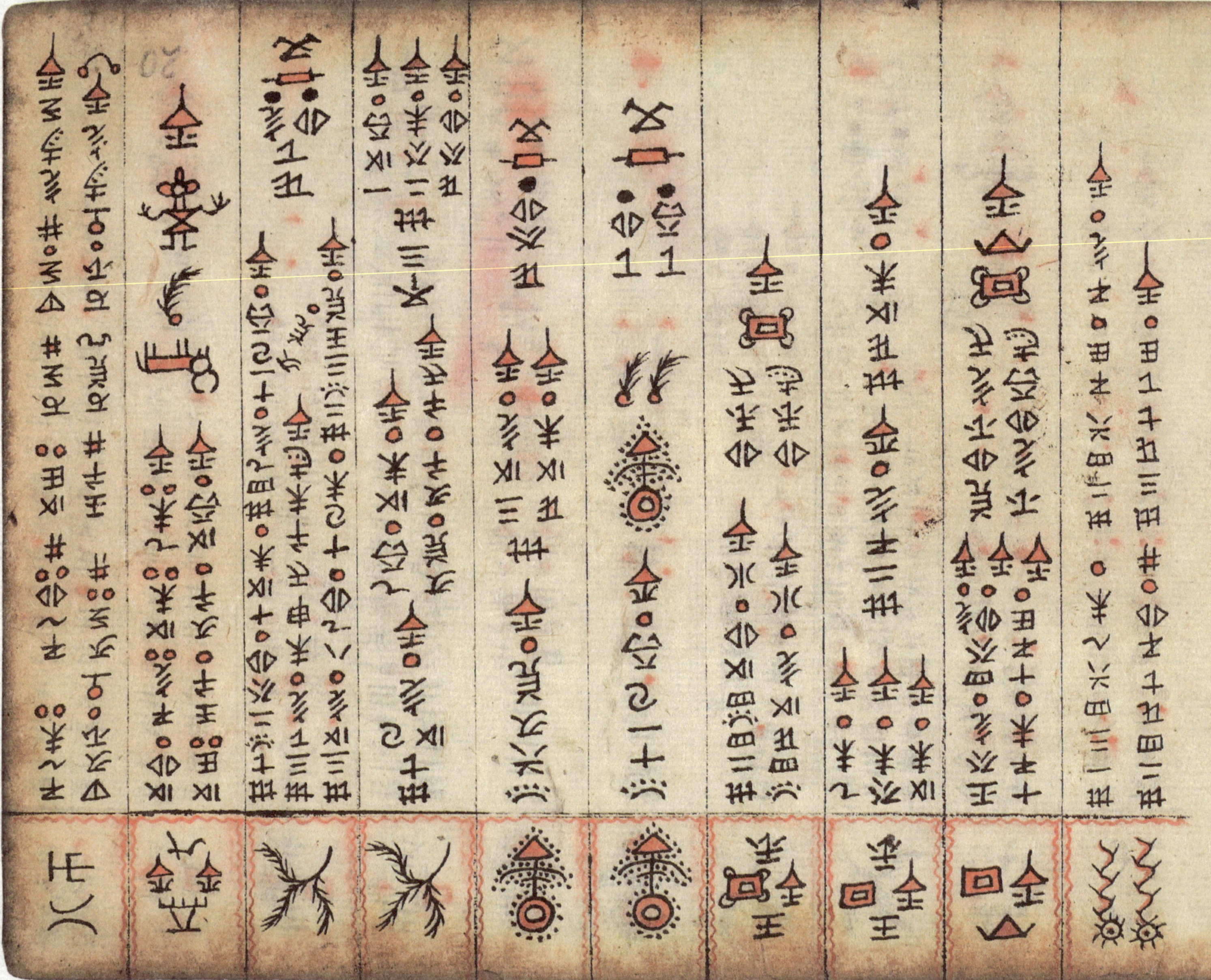

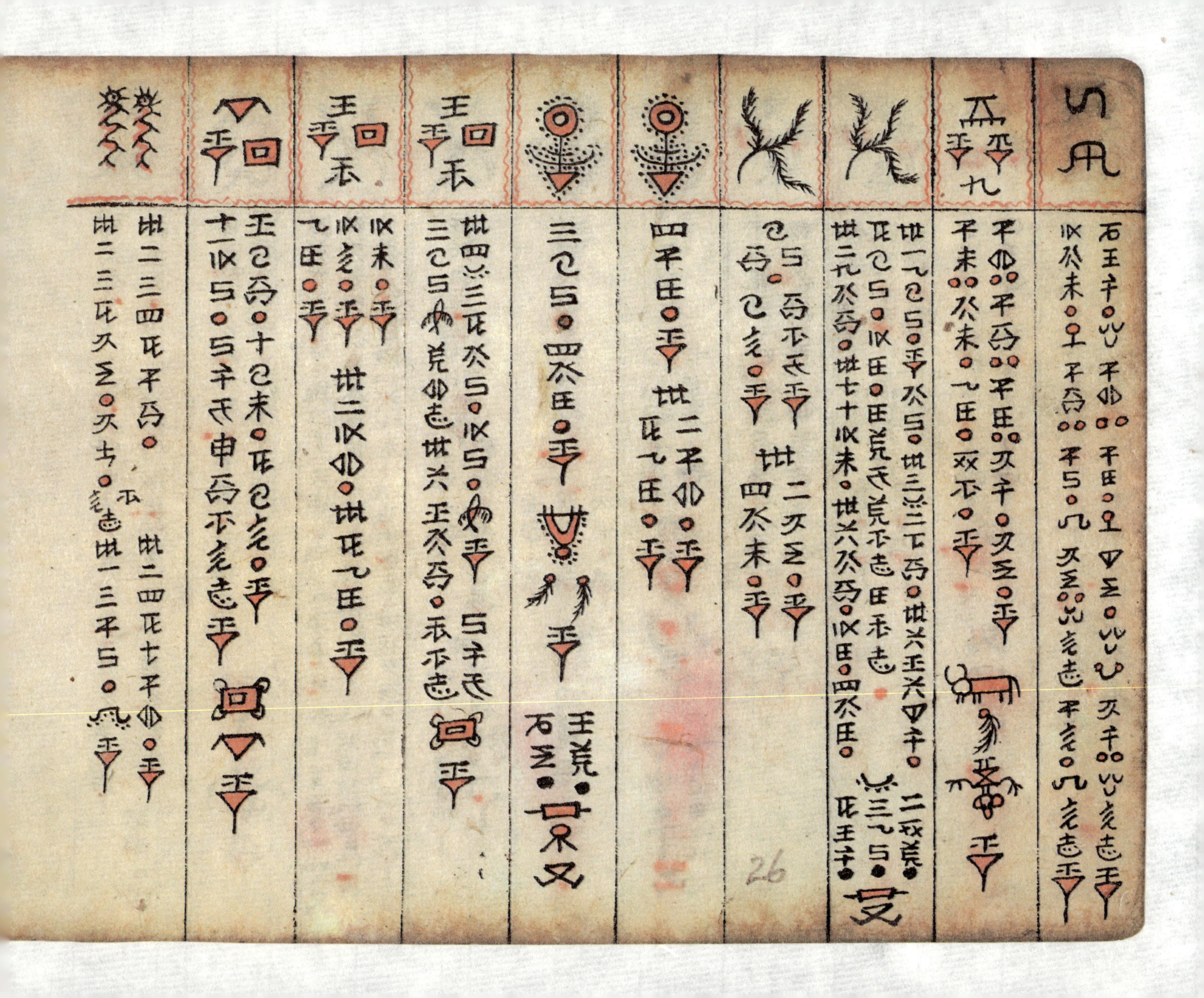

26

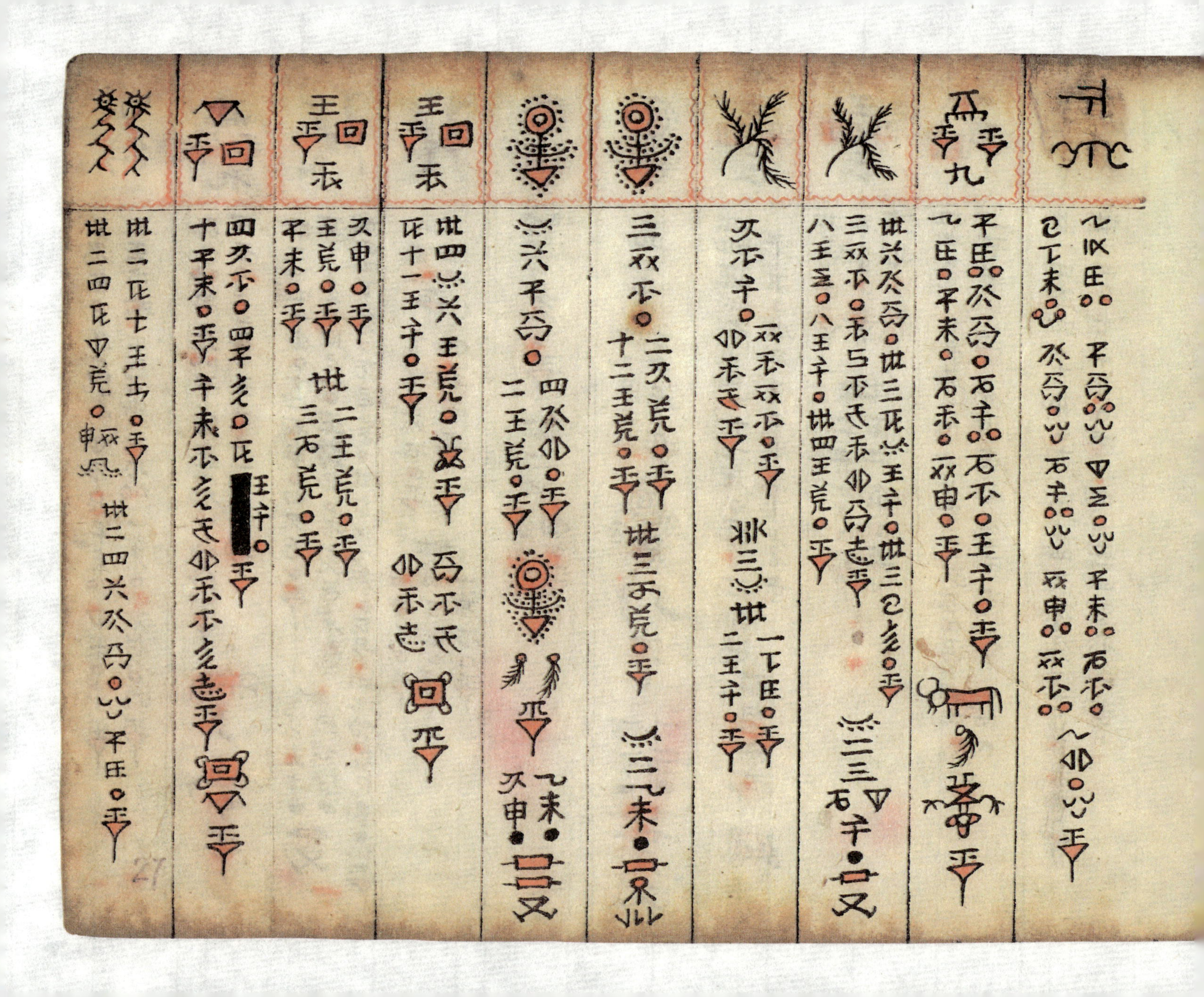

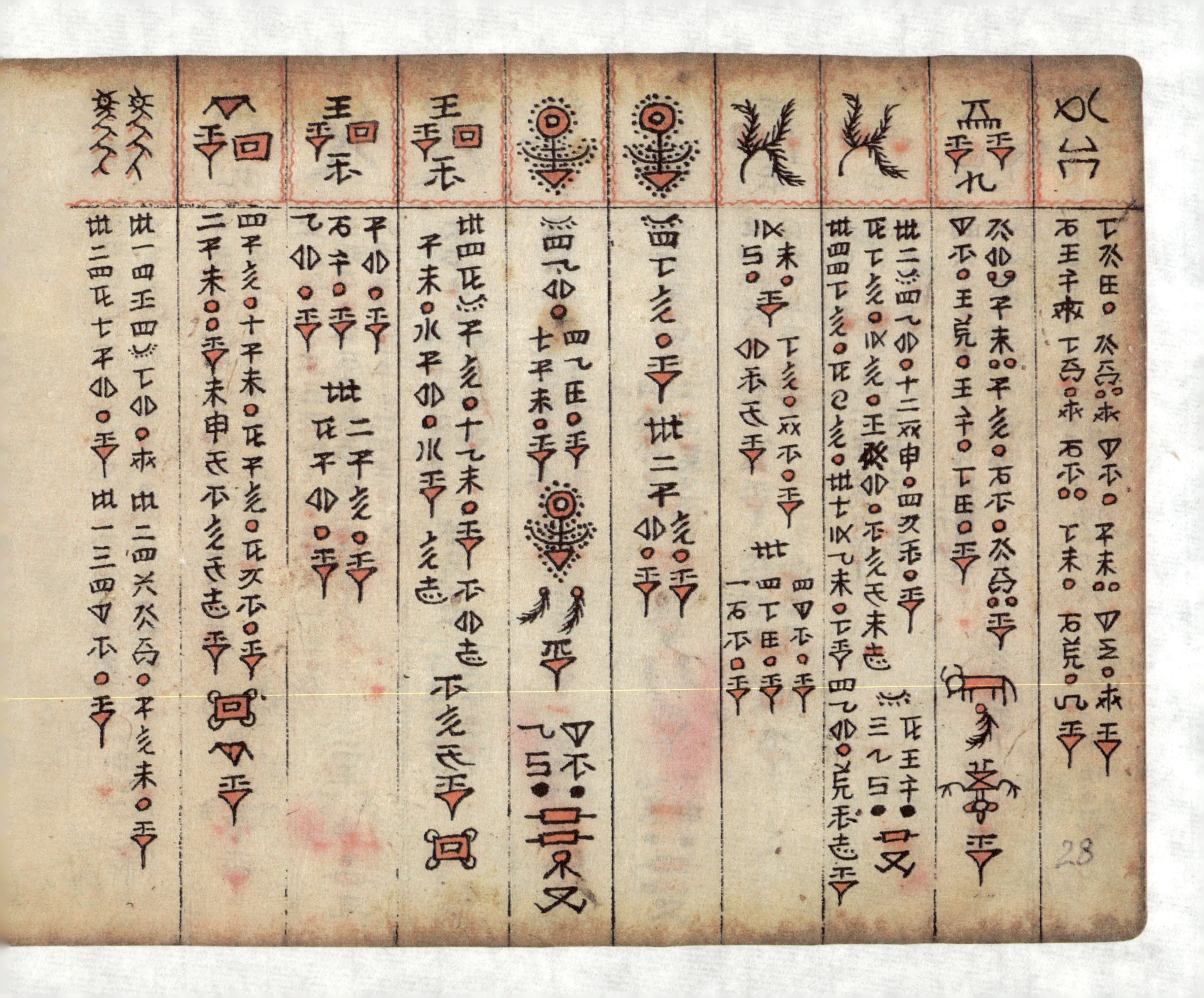

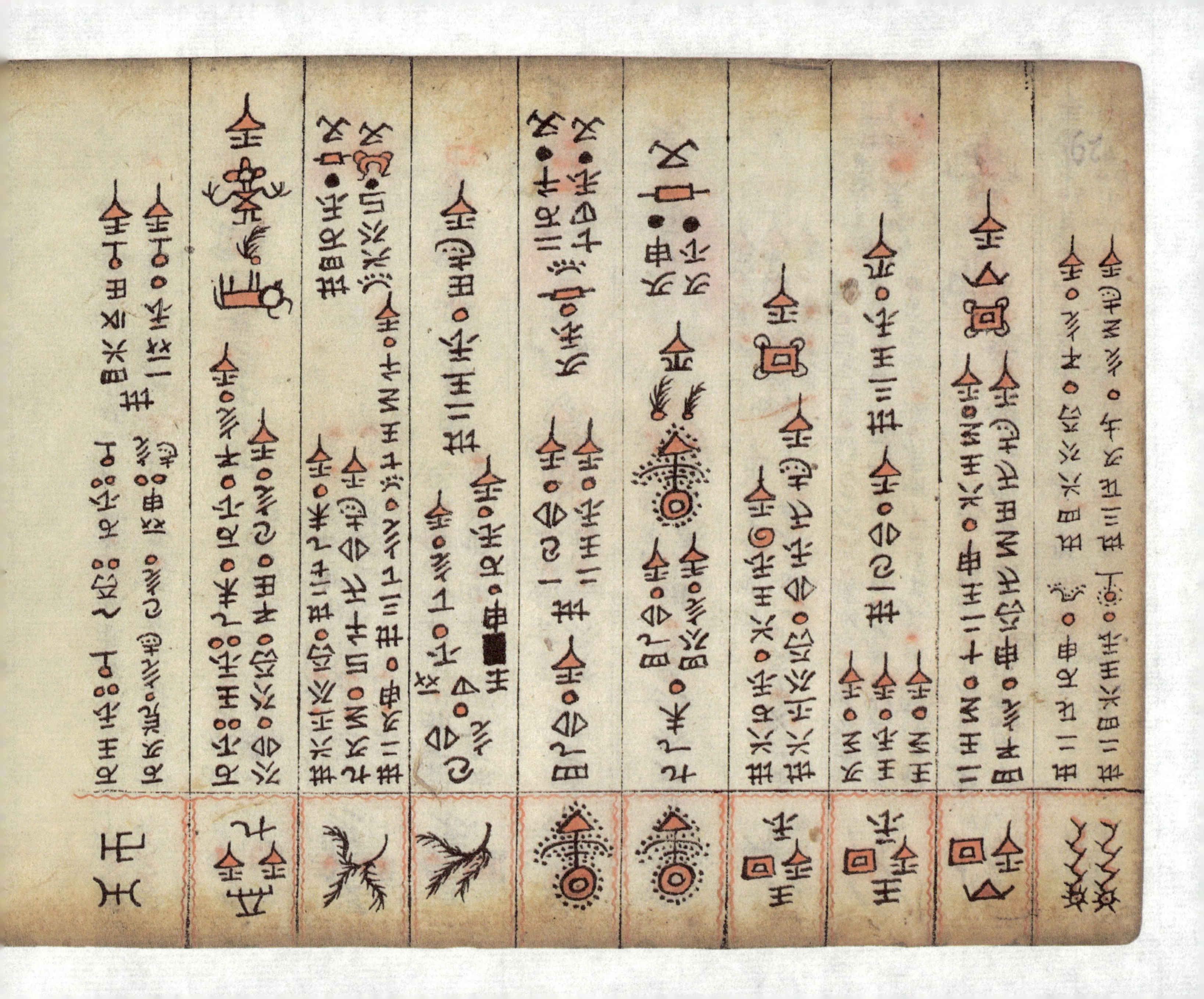

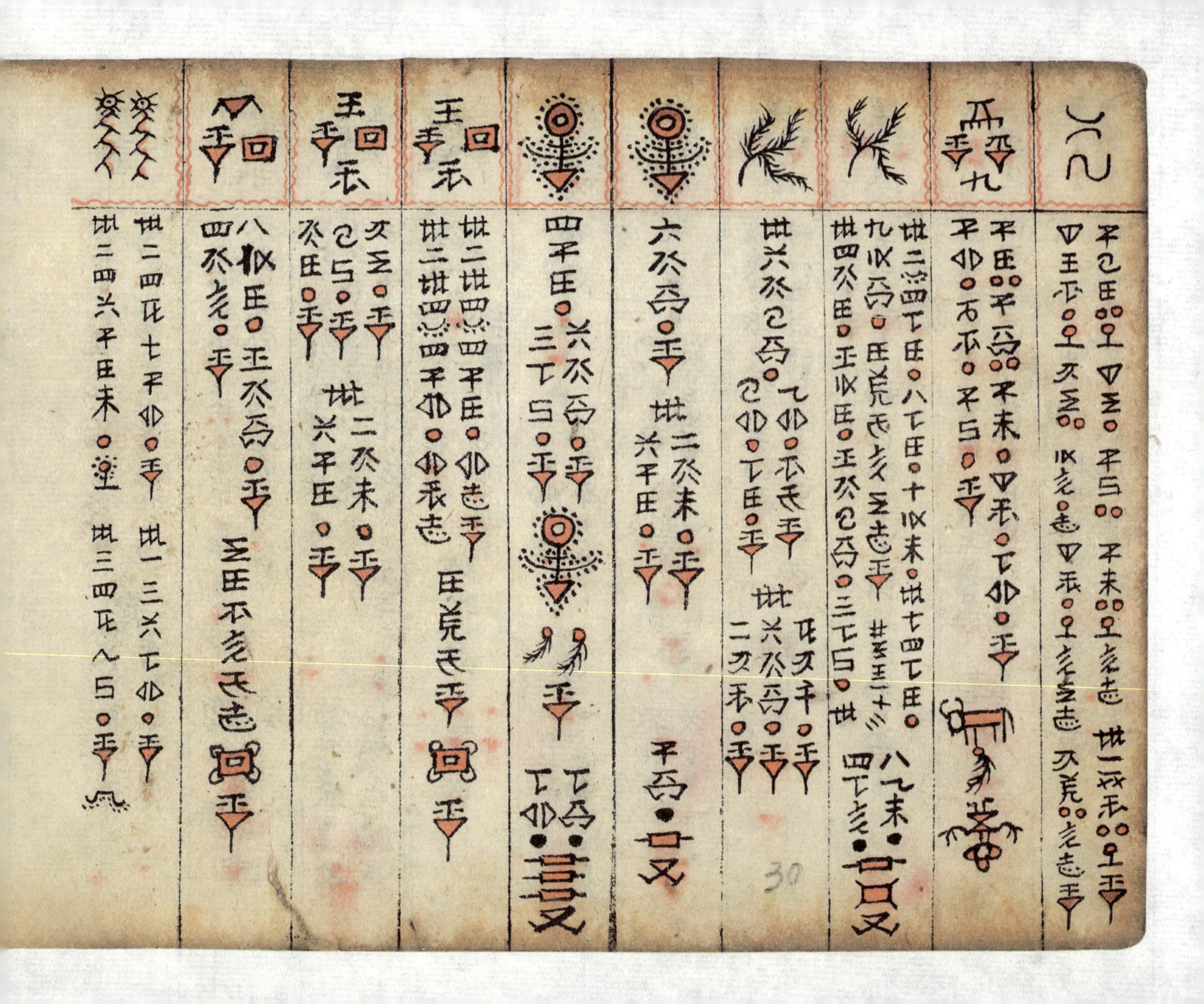

30

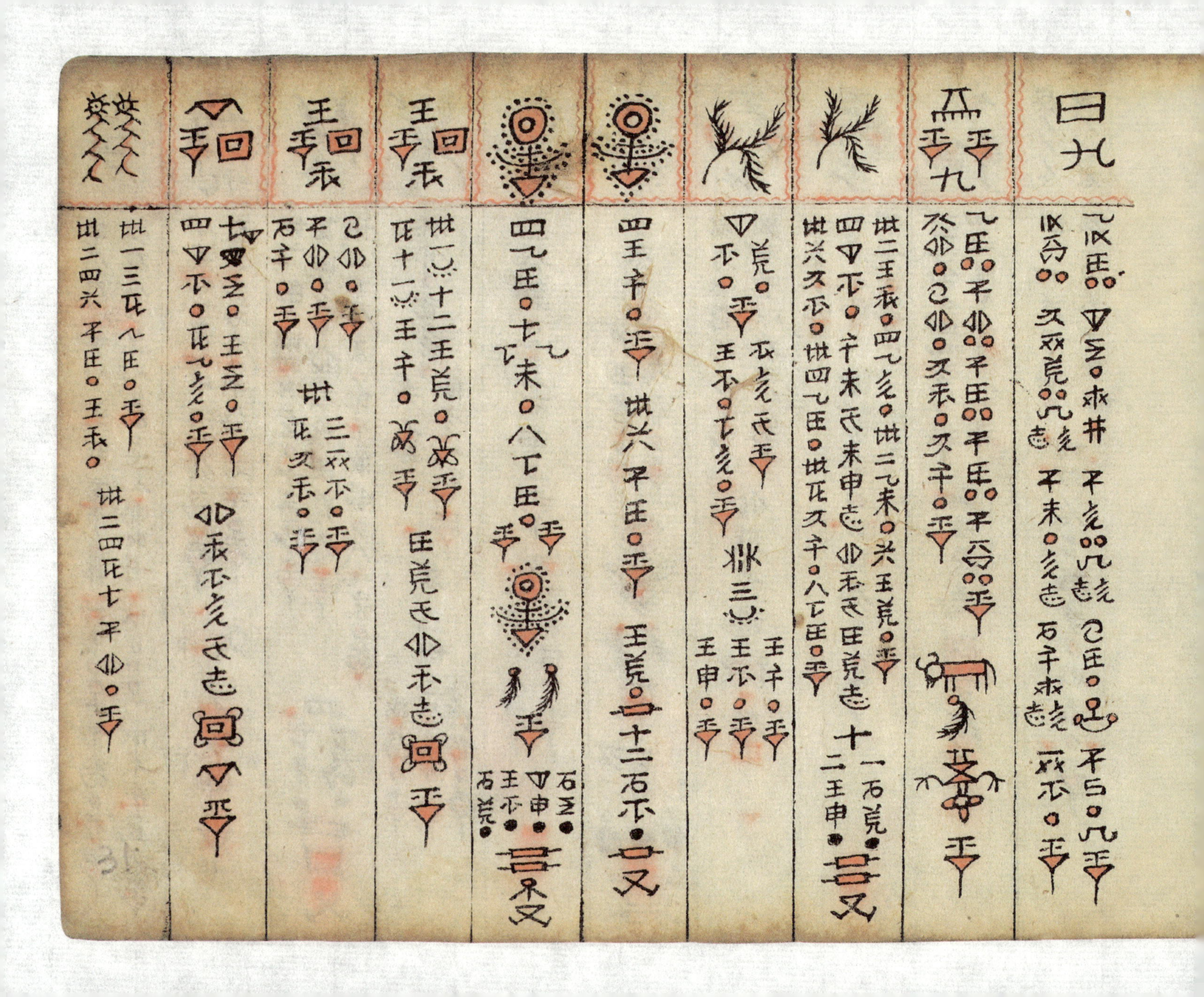

日九

[illegible]

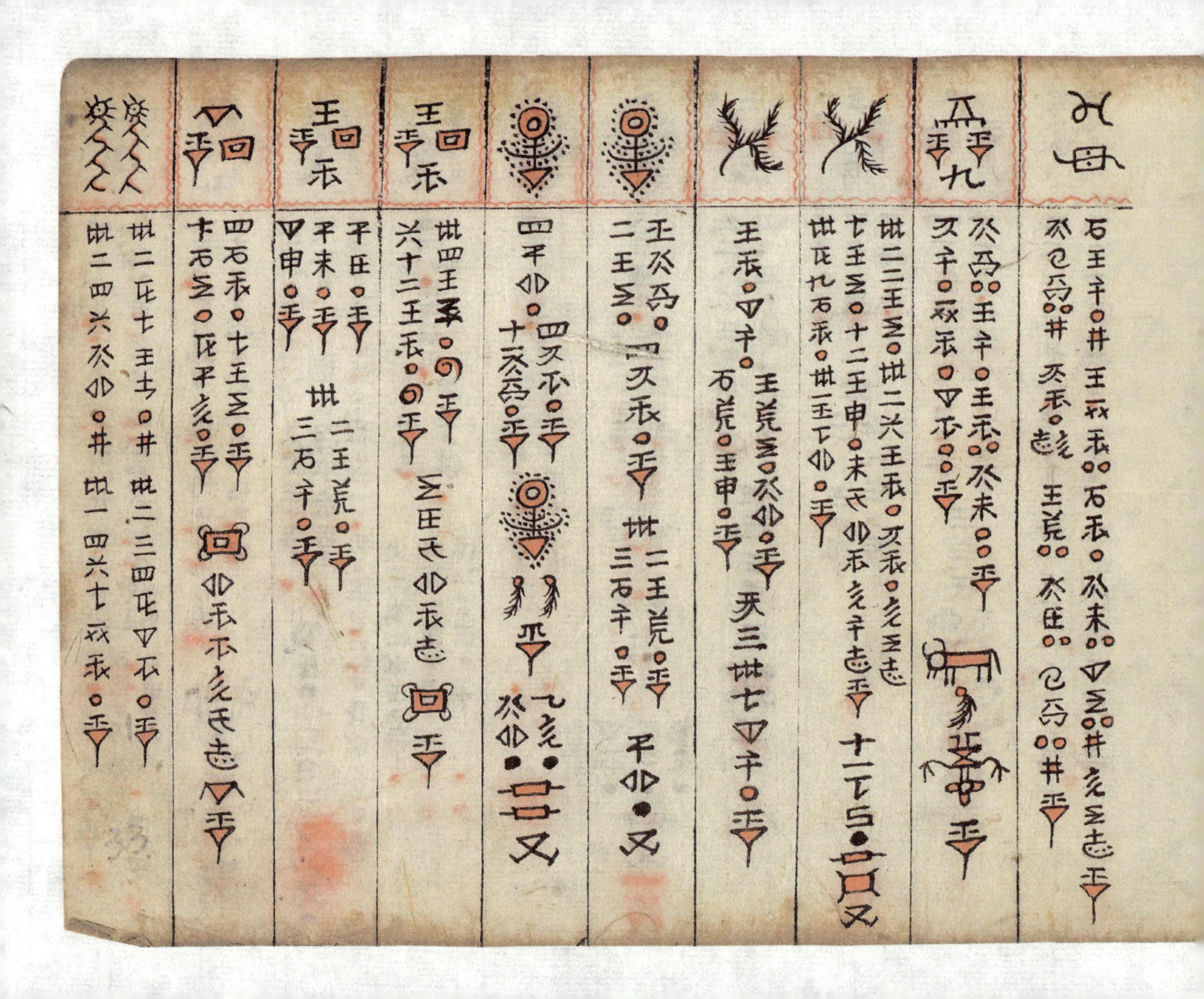

34

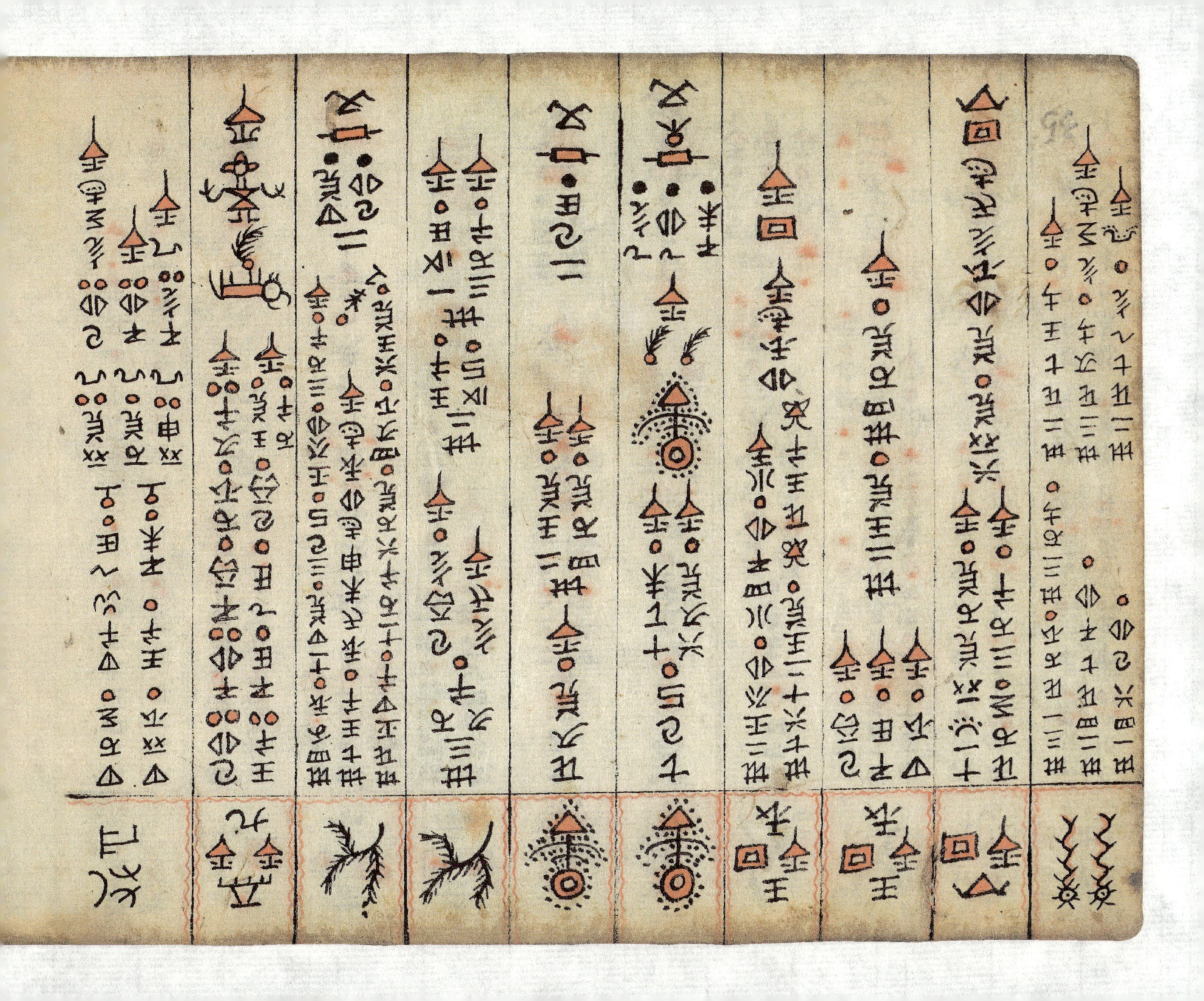

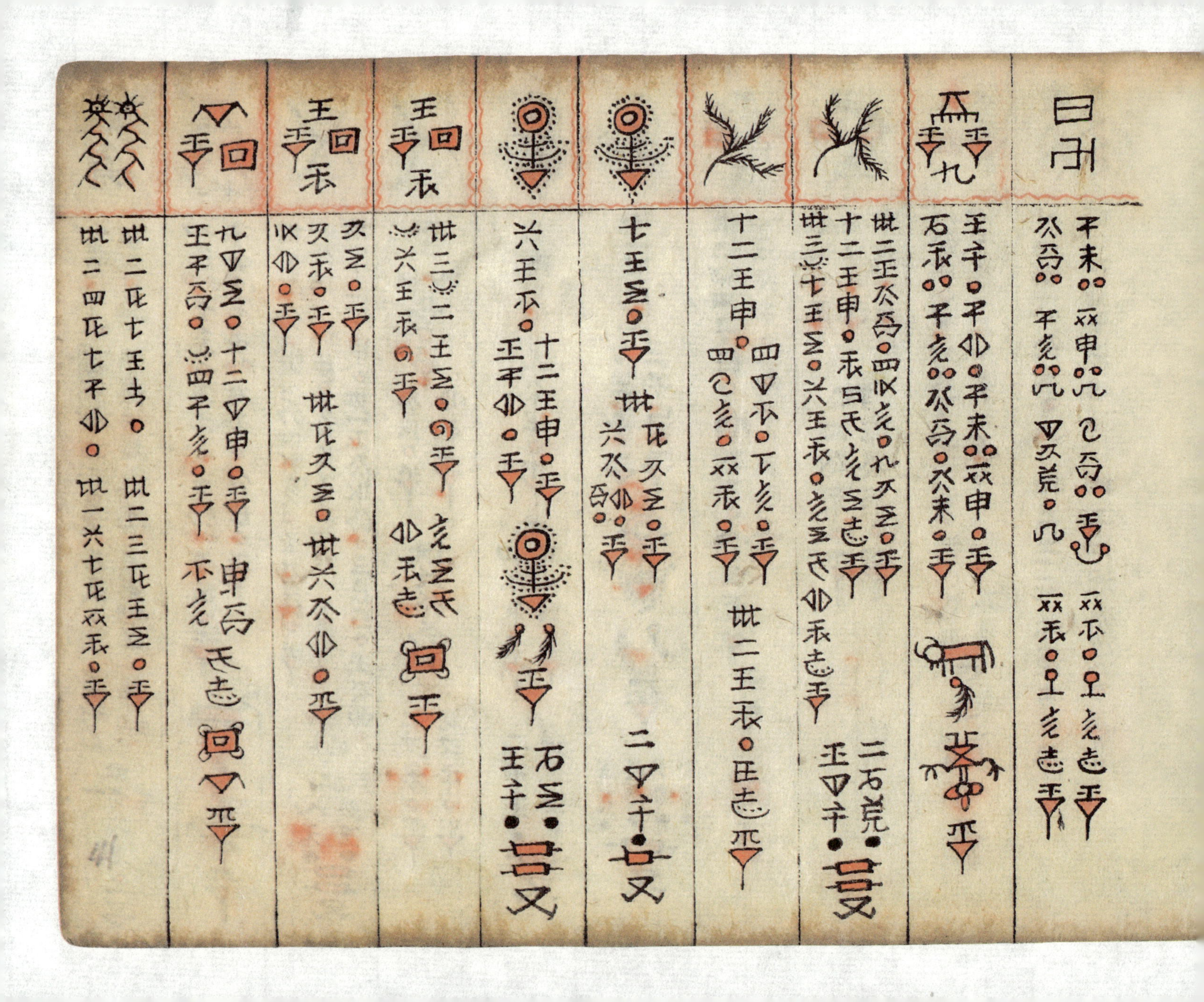

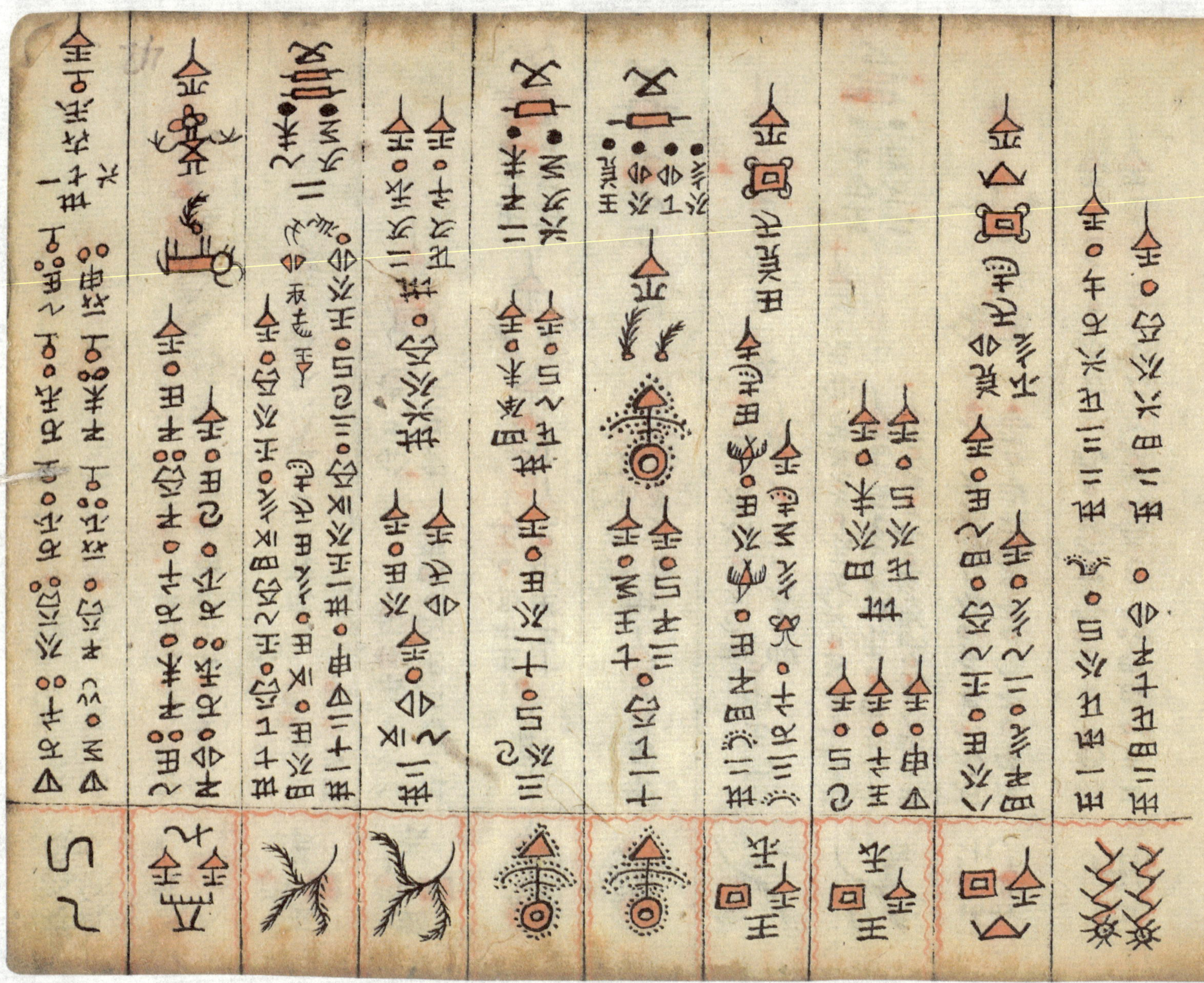

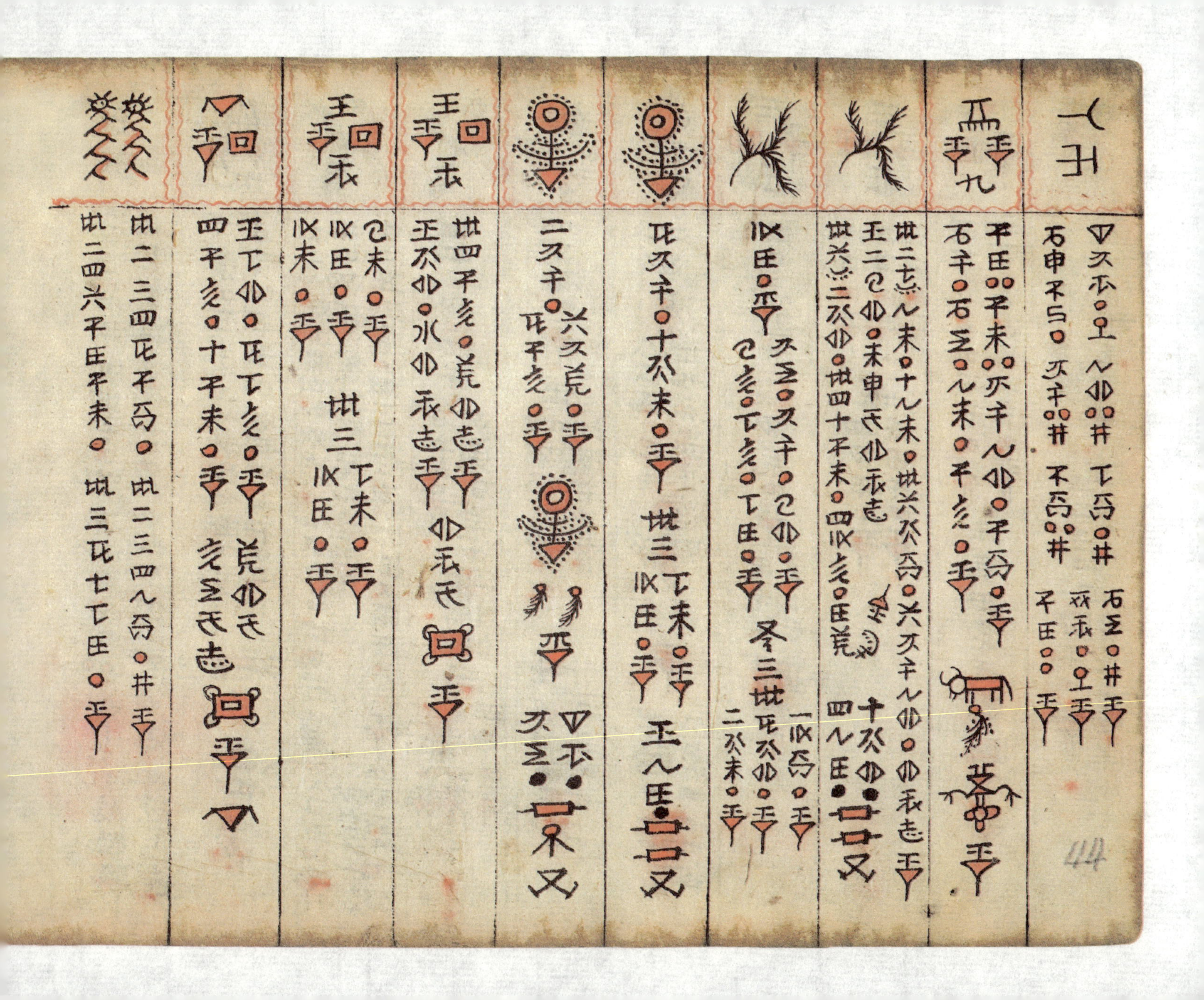

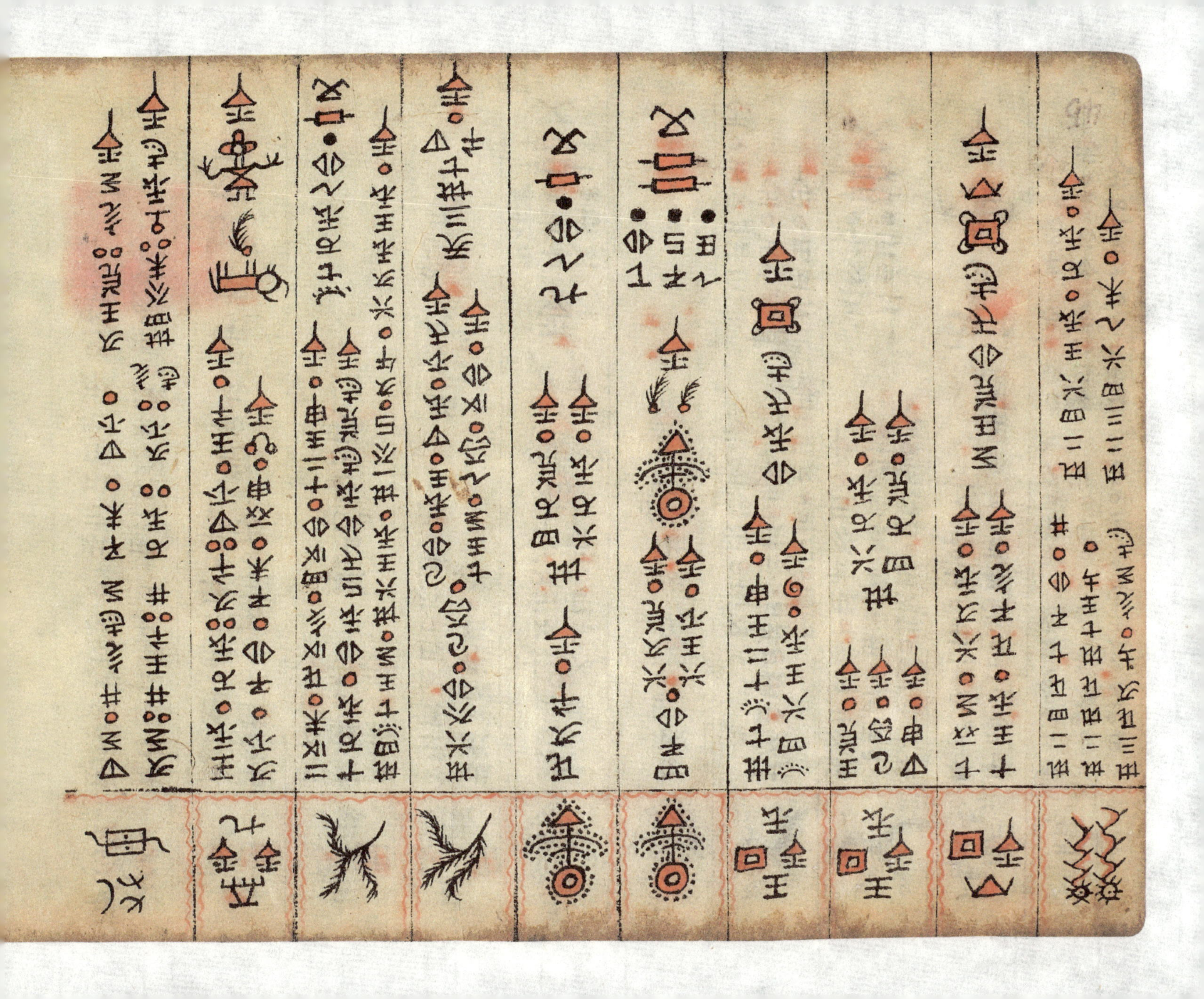

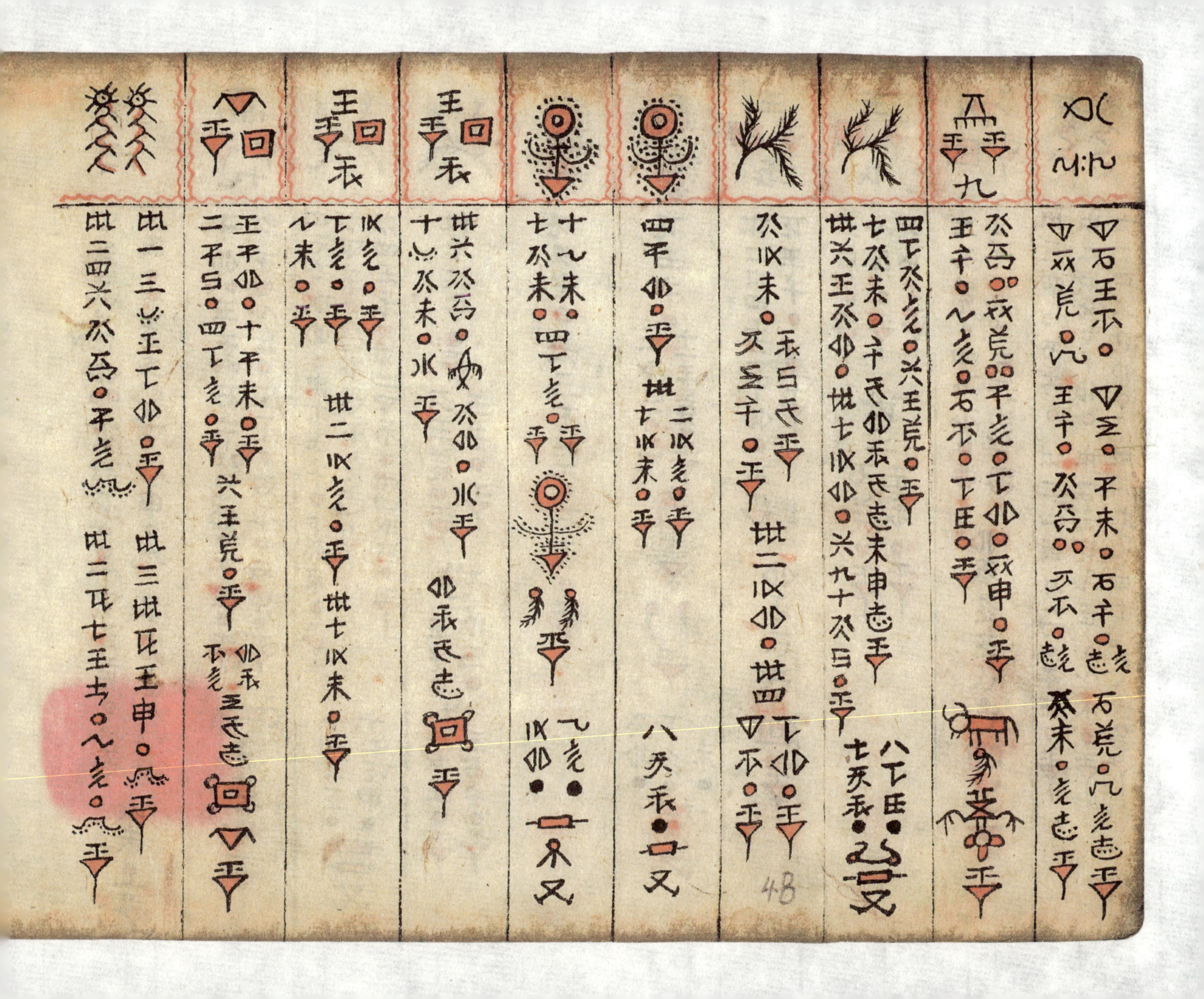

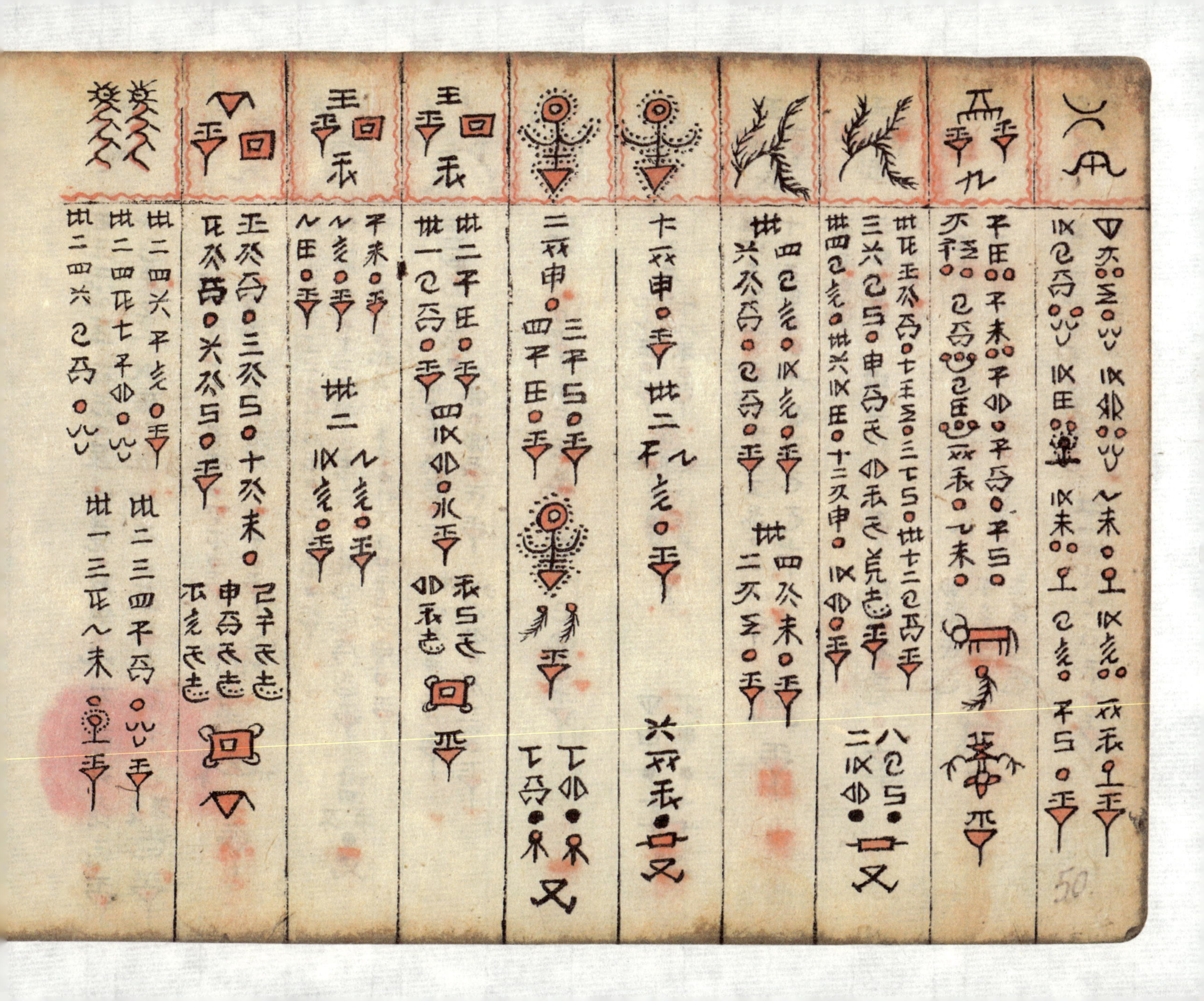

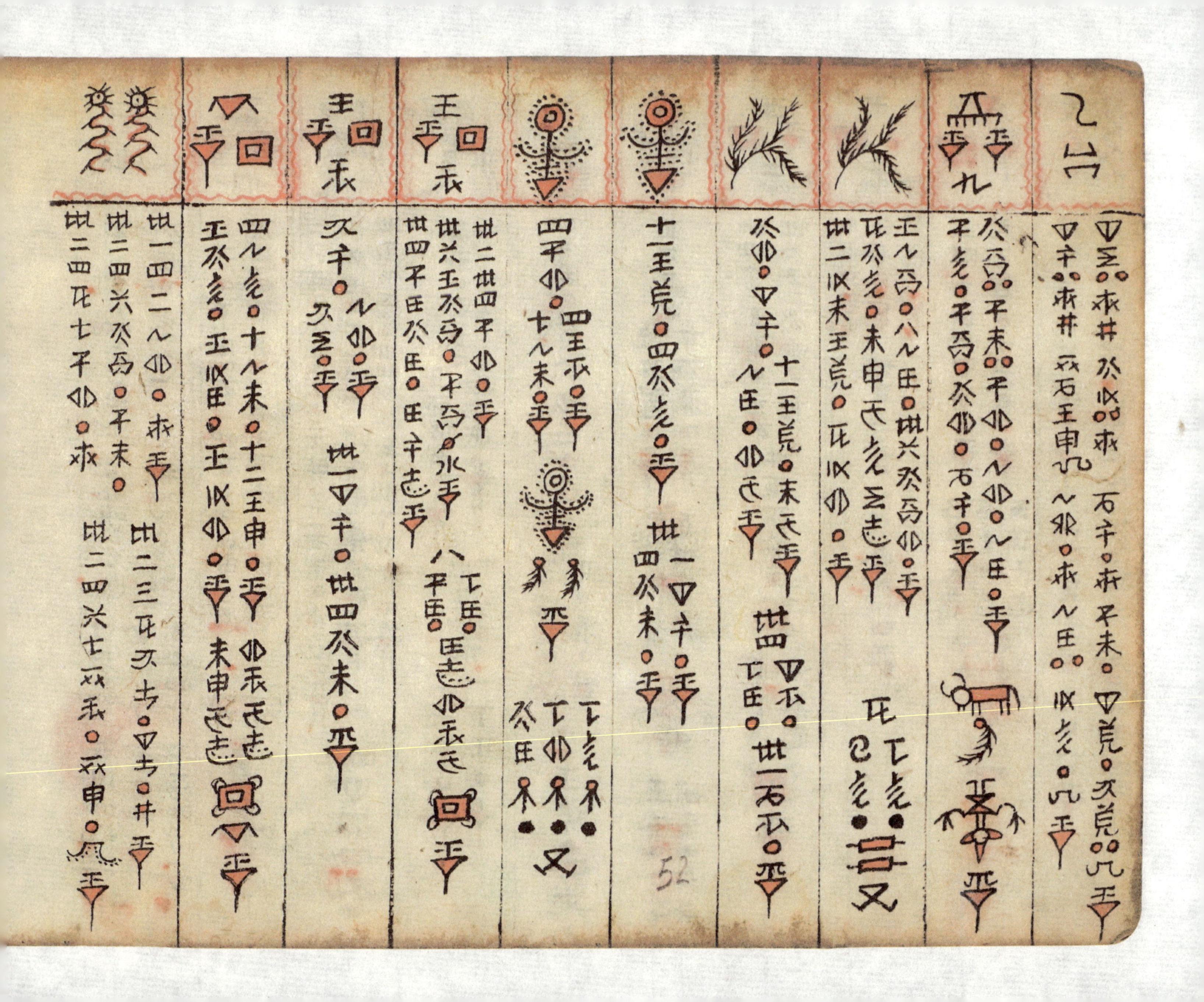

52

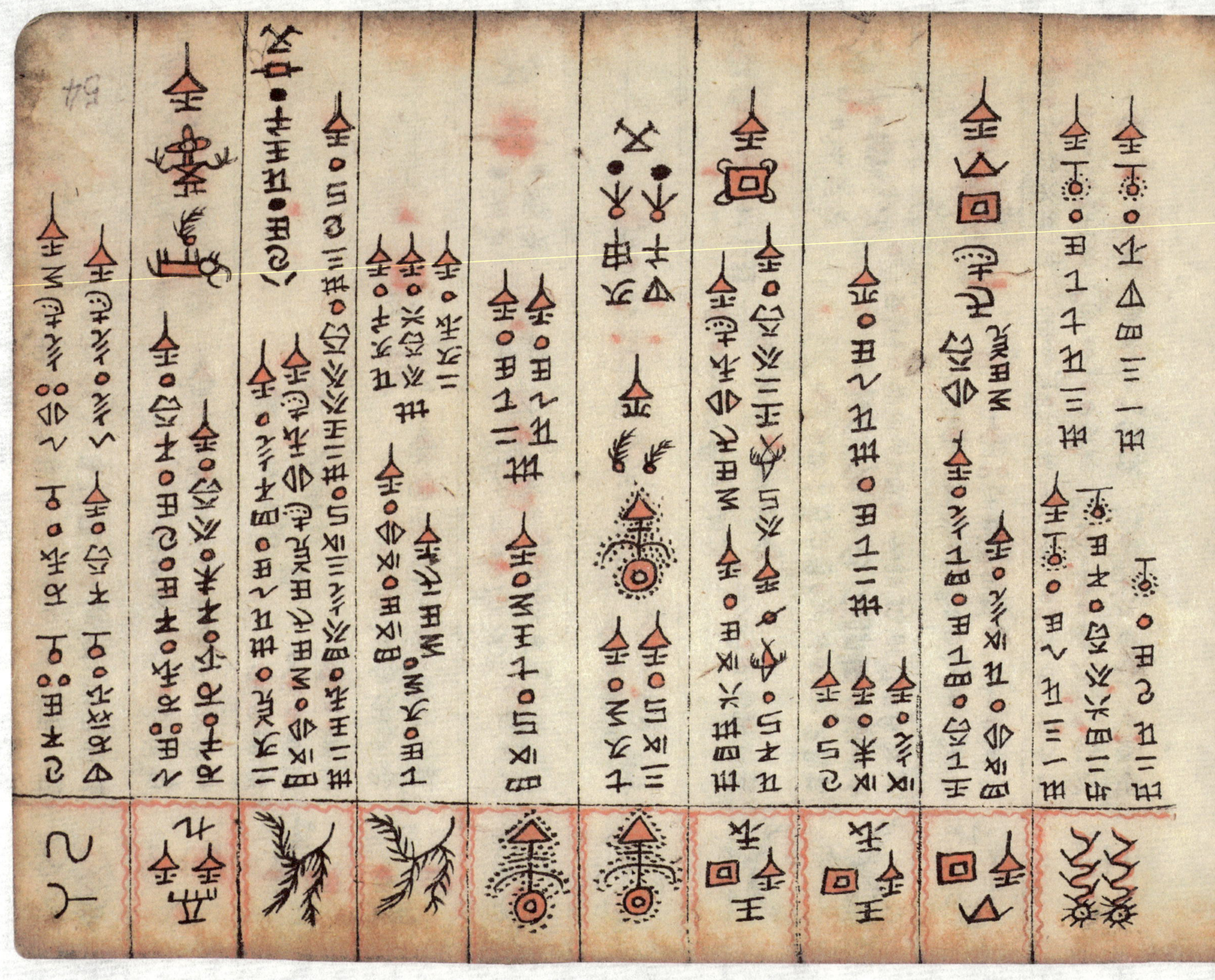

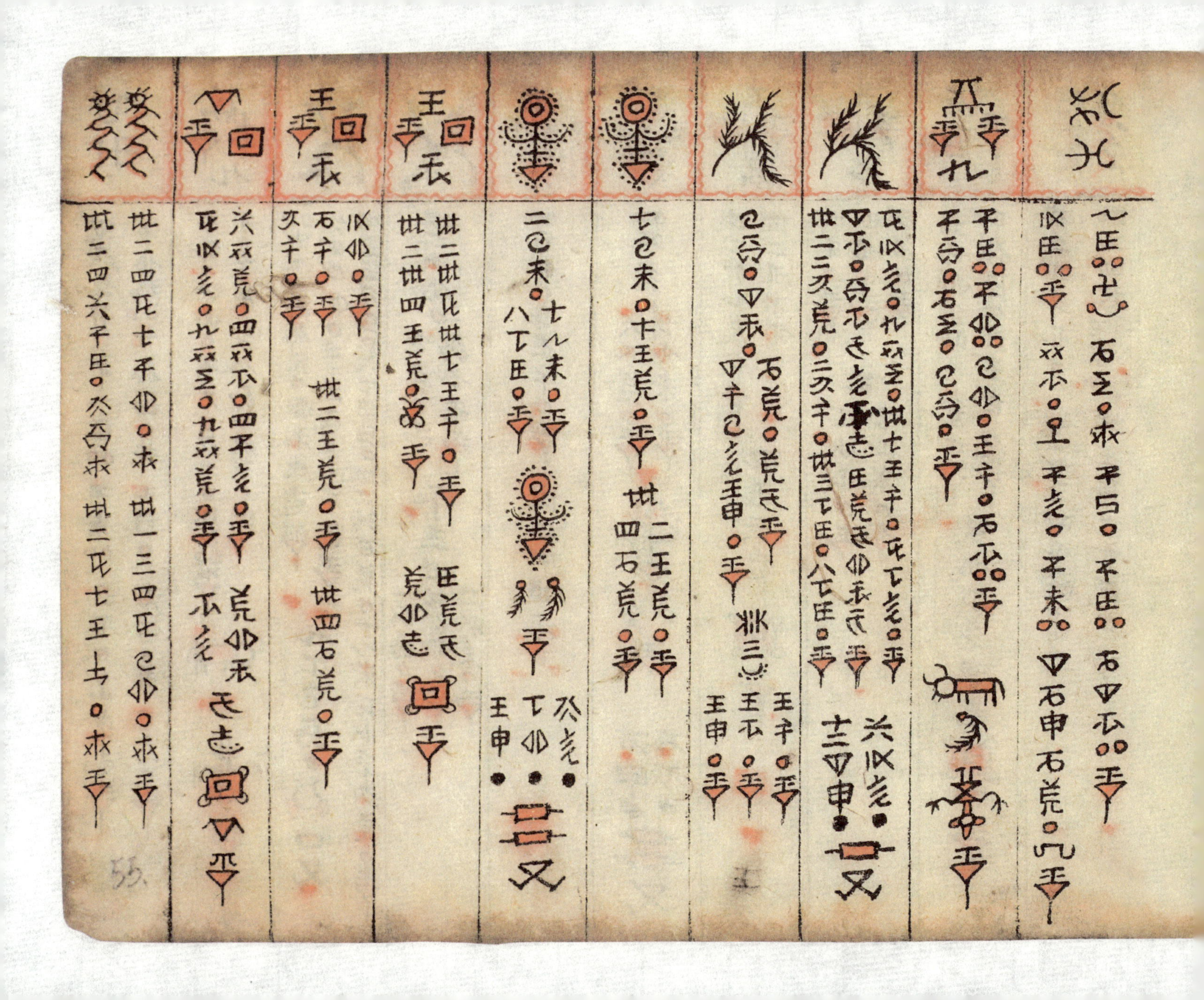

[illegible]

[illegible] 石 [illegible] 干 [illegible] 石 申 石 [illegible]

[illegible]

[illegible] 王 [illegible] 石 [illegible]

[illegible]

[illegible] 王 申 [illegible]

[illegible]

[illegible] 廿 二 [illegible] 廿 [illegible] 八 [illegible] 王 申 [illegible]

[illegible]

七 巳 未 [illegible] 王 [illegible] 廿 二 王 四 石 [illegible]

[illegible]

二 巳 未 七 [illegible] 未 八 [illegible] 王 申 [illegible]

[illegible]

廿 二 廿 [illegible] 七 王 [illegible] 四 王 [illegible]

[illegible]

石 [illegible] 廿 二 王 [illegible] 廿 四 石 [illegible]

[illegible]

[illegible] 四 [illegible] 九 [illegible]

[illegible]

廿 二 四 [illegible] 七 [illegible] 廿 一 三 四 [illegible] 巳 [illegible]
[illegible] 二 四 六 [illegible] 廿 二 [illegible] 七 王 [illegible]

55

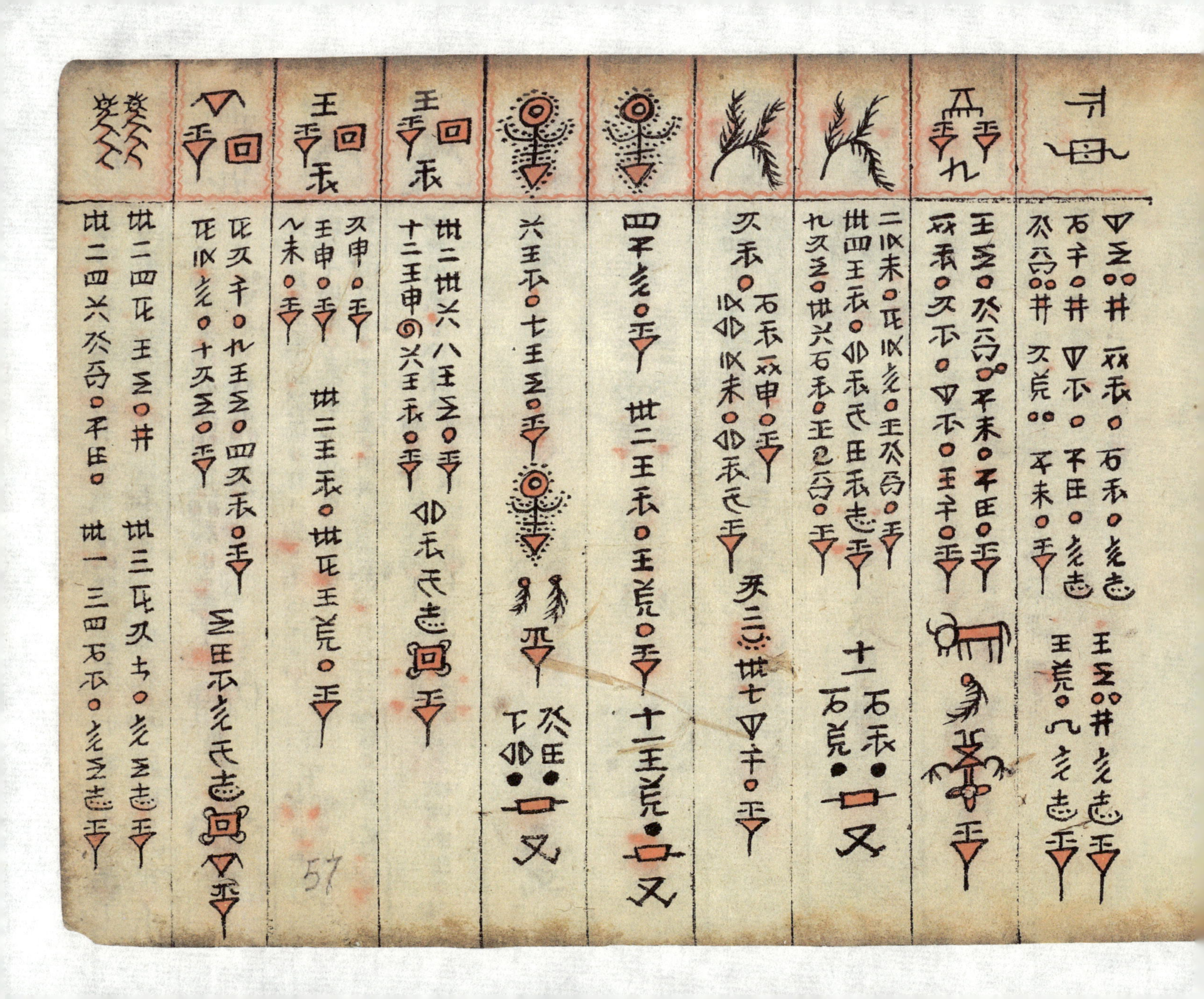

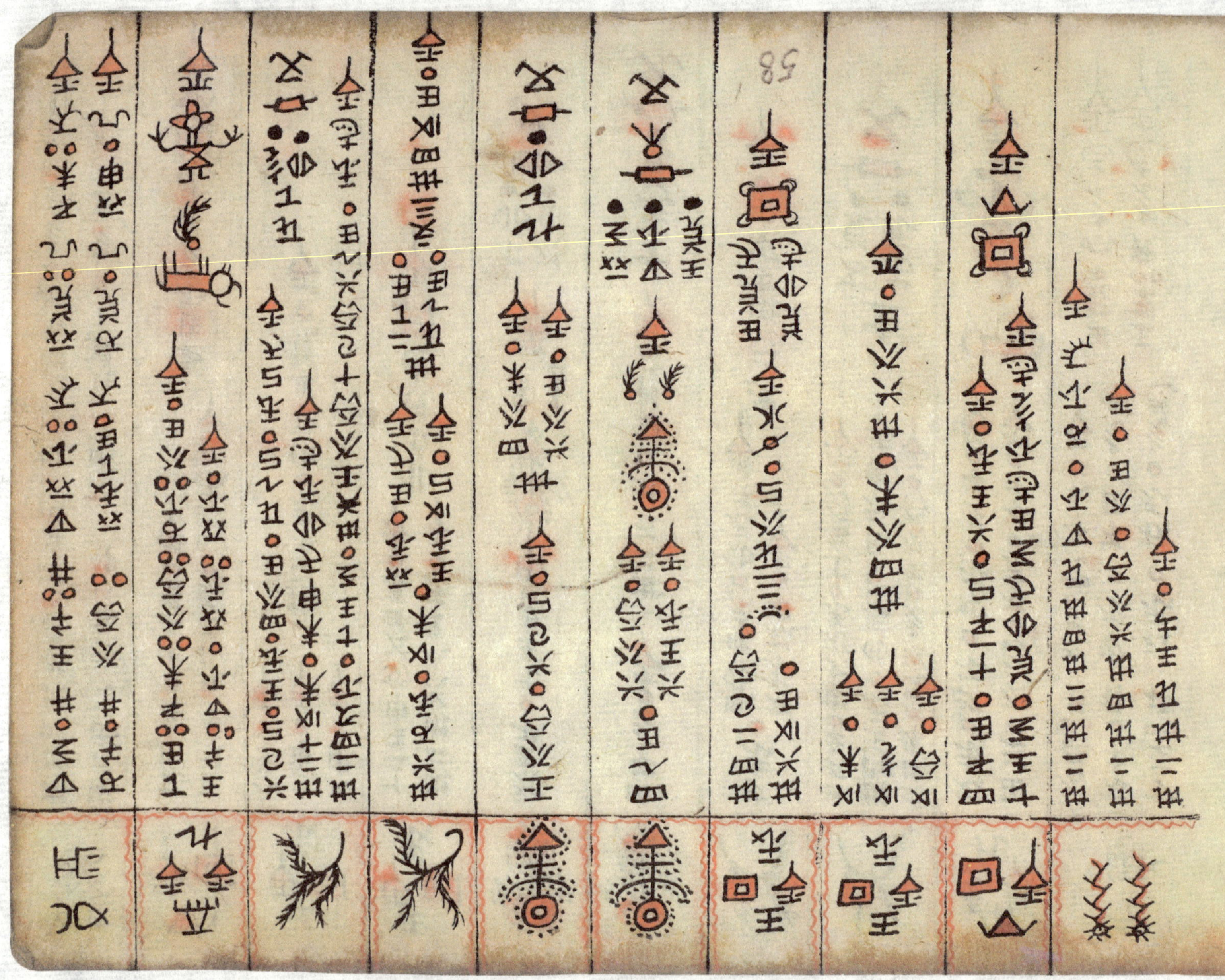

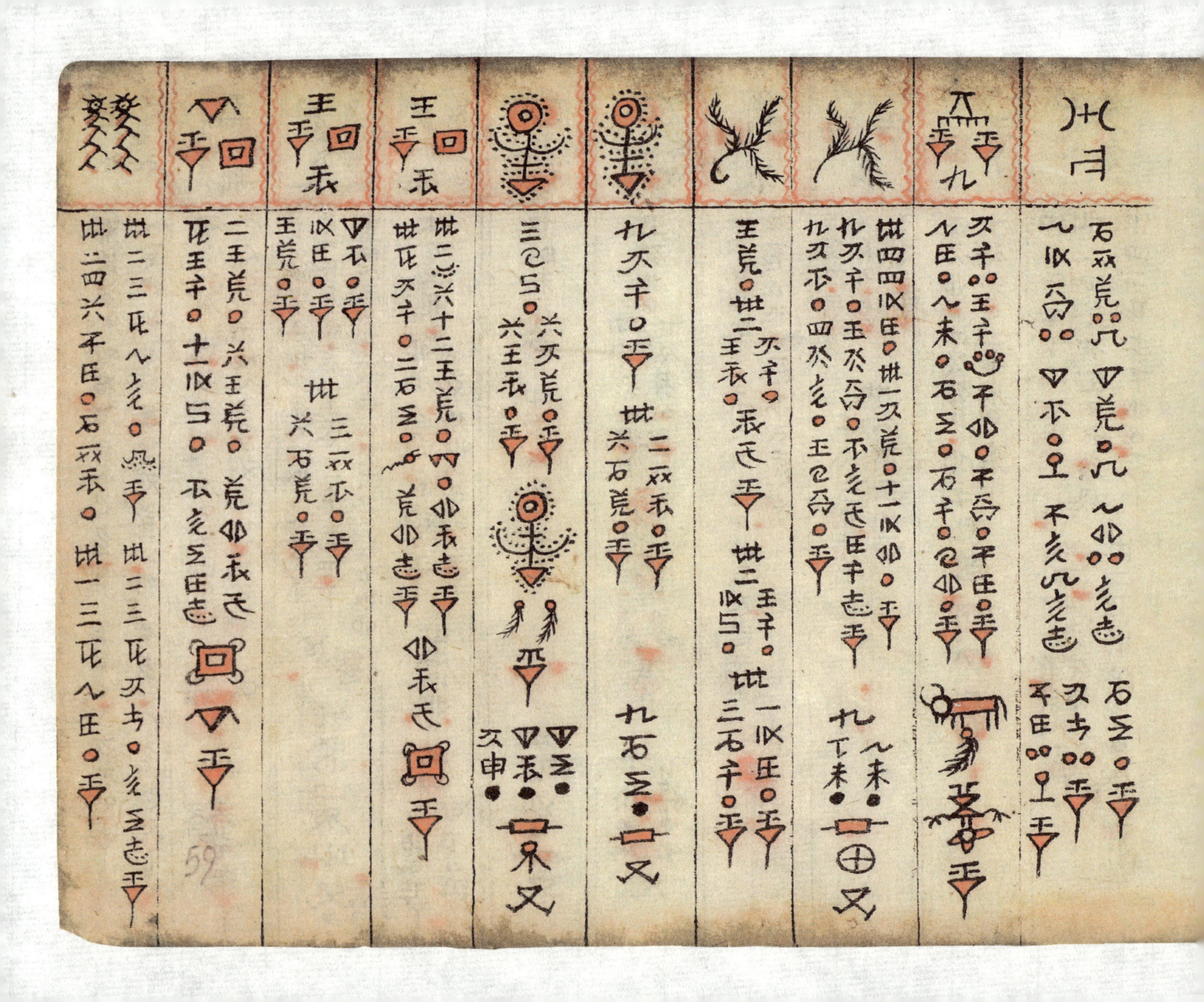

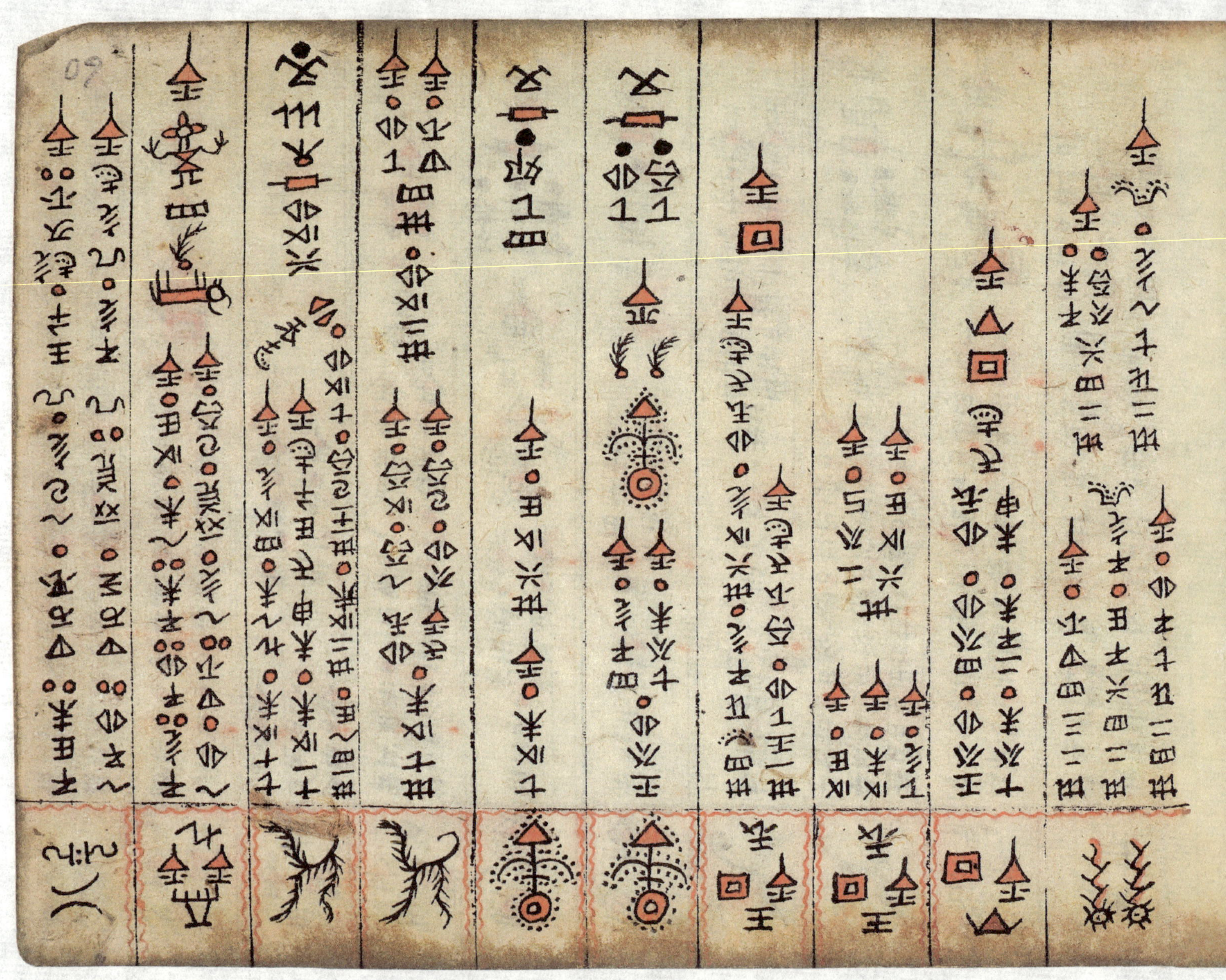

六十年風客

六十年
風客
上凶下吉

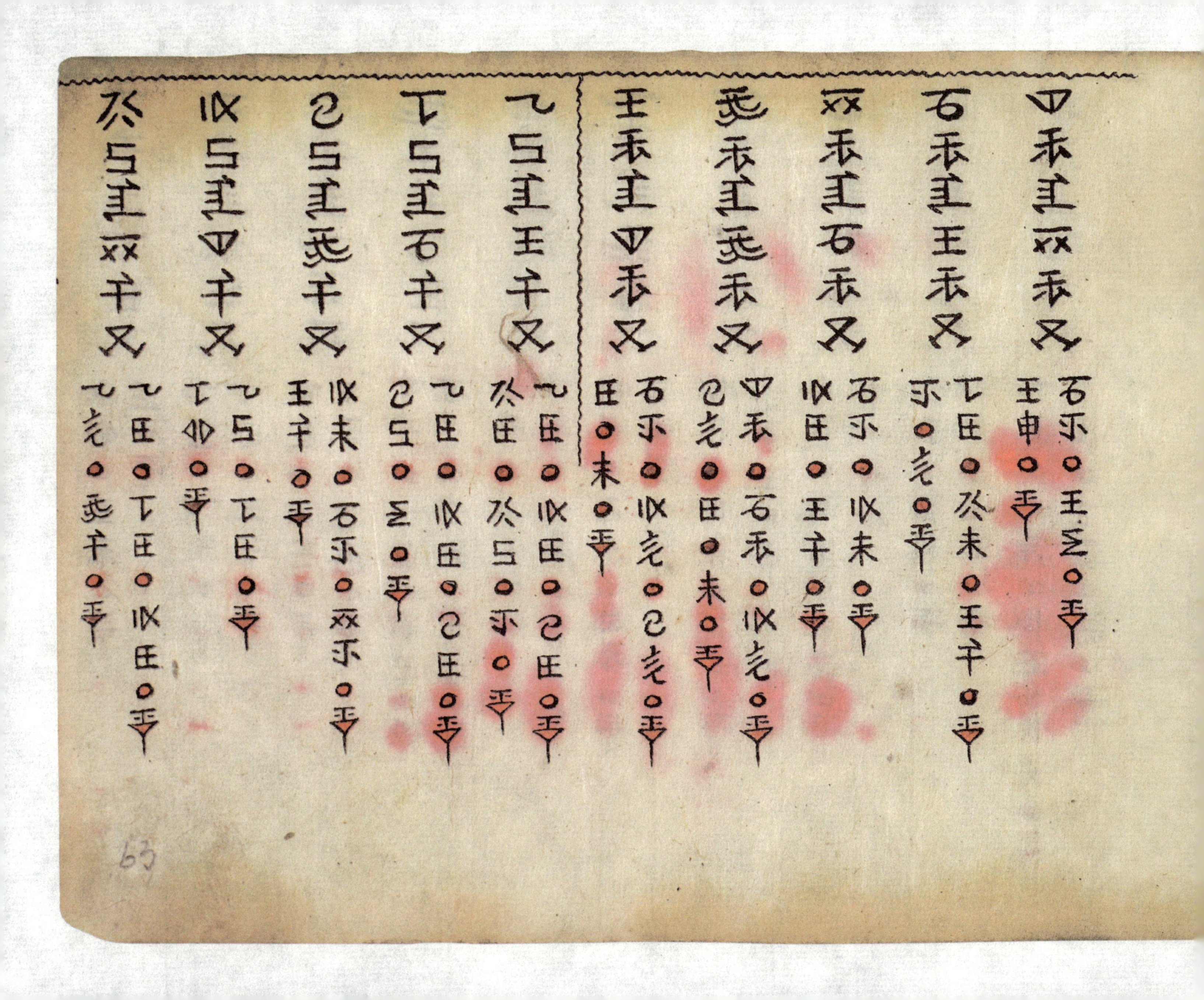

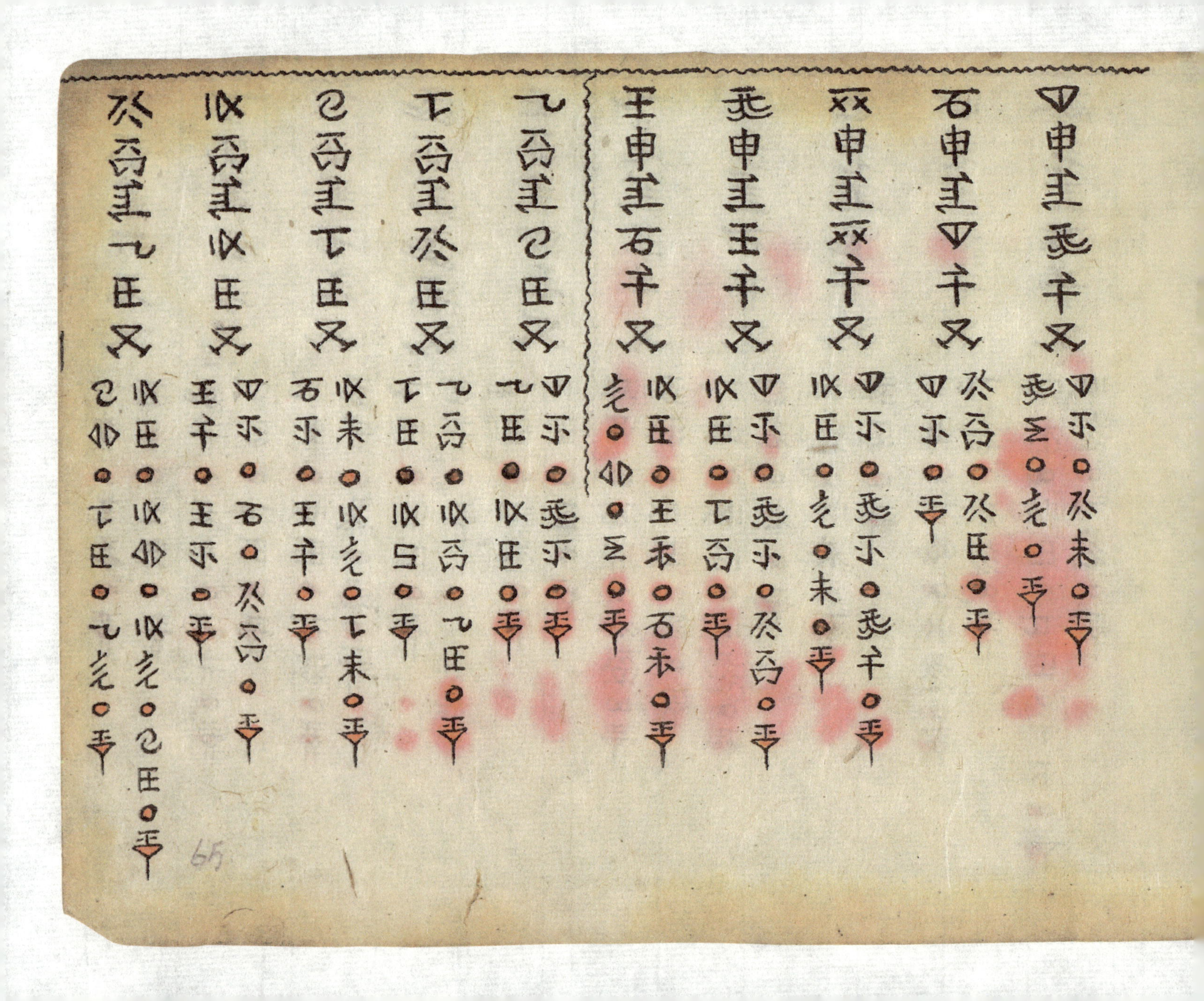

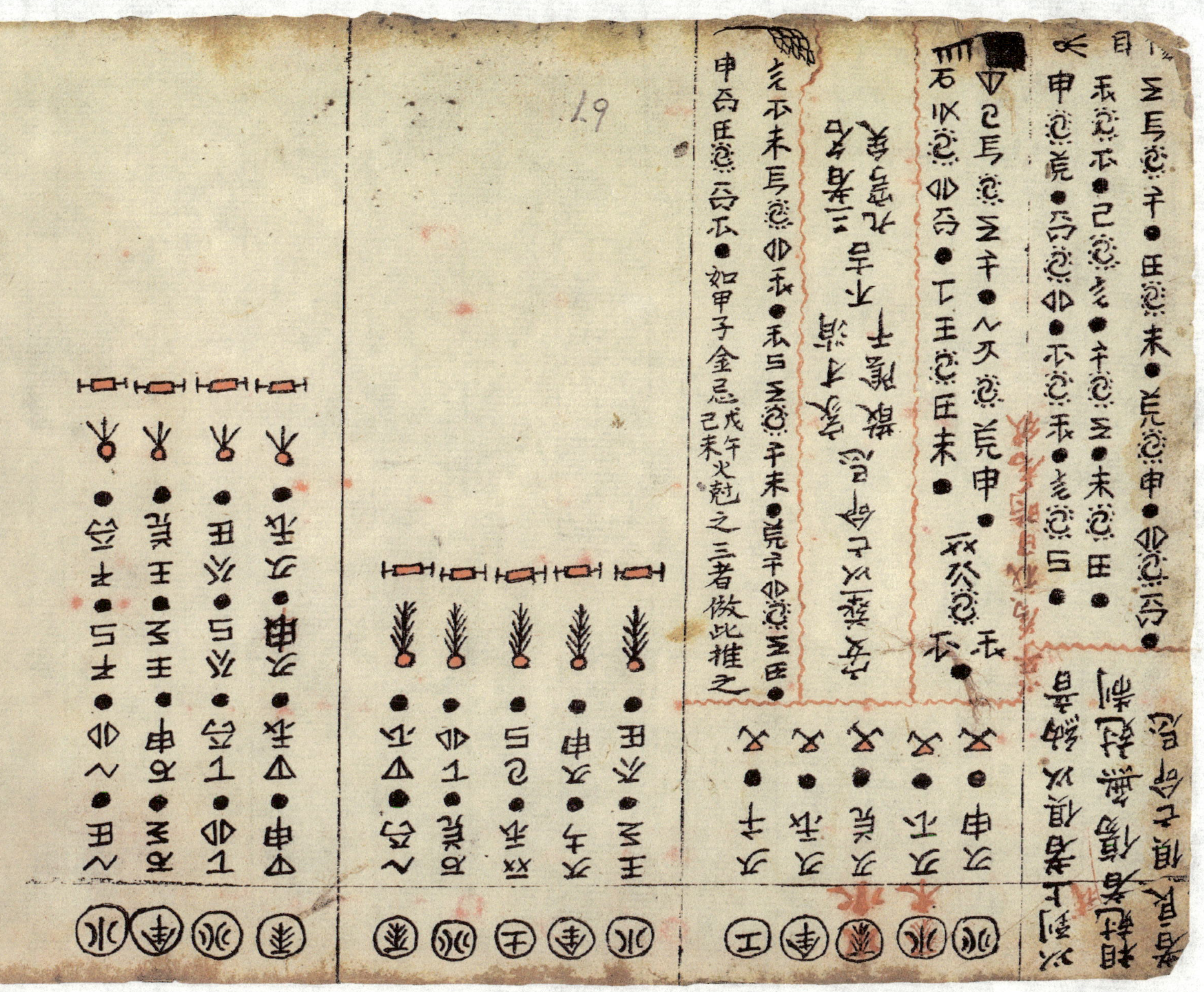

圖書在版編目(CIP)數據

六十龍備要. —北京: 國家圖書館出版社, 2014.8
(中華再造善本)
ISBN 978-7-5013-5304-0

Ⅰ. ①六… Ⅱ. Ⅲ. ①水族—民族歷史—中國—古代②水族—民族文化—中國—古代 Ⅳ. ①K286.9

中國版本圖書館CIP數據核字(2014)第012758號

書名　六十龍備要(一函一冊)

出版　國家圖書館出版社(原北京圖書館出版社)
100034 北京市西城區文津街七號

發行　Tel:(010)66114536 Fax:(010)66121706
E-mail:Btsfxb@nlc.gov.cn(郵購)

印刷　杭州富陽正大彩印有限公司

開本　八
印張　九·二五
版次　二〇一四年八月第一版第一次印刷
印數　一-二〇〇

書號　ISBN 978-7-5013-5304-0
定價　六五〇圓